体育运动技能学习与控制教程

主编 李莹 刘菡

郑州大学出版社

图书在版编目（CIP）数据

体育运动技能学习与控制教程／李莹，刘菡主编.

郑州：郑州大学出版社，2024.9. -- ISBN 978-7-5773-
0574-5

Ⅰ. G819

中国国家版本馆 CIP 数据核字第 2024LG7723 号

体育运动技能学习与控制教程
TIYU YUNDONG JINENG XUEXI YU KONGZHI JIAOCHENG

策划编辑	胥丽光	封面设计	苏永生
责任编辑	吴 静	版式设计	苏永生
责任校对	胥丽光	责任监制	李瑞卿

出版发行	郑州大学出版社	地 址	郑州市大学路 40 号（450052）
出 版 人	卢纪富	网 址	http://www.zzup.cn
经 销	全国新华书店	发行电话	0371-66966070
印 刷	广东虎彩云印刷有限公司		
开 本	787 mm×1 092 mm　1／16		
印 张	11.25	字 数	197 千字
版 次	2024 年 9 月第 1 版	印 次	2024 年 9 月第 1 次印刷

书 号	ISBN 978-7-5773-0574-5	定 价	56.00 元

本书如有印装质量问题，请与本社联系调换。

编委名单

前　言

　　运动技能学习（motor learning，也称 motor skill learning）是我国体育院校本科生的必修课程，许多大学的研究生院也开设此门课程。开设此门课程目的是使体育老师、教练及其他和体育相关的专职人员了解运动技能学的科学理念。

　　人类不仅仅能够顺利完成诸如走、跑、跳、投等基本的运动动作，而且在适应和改造环境过程中，还逐渐学会了使用各种工具来完成复杂的操作。这既是自然进化的结果，也是人类区别于其他生物的关键特征。通过练习，人类还能够从不会到熟练，再到高质量地完成各种运动动作。比如，体操运动员完成一系列高难度的动作；排球运动员能在空中完成重力扣球；射击运动员能精准射击；篮球运动员能百发百中投篮。我们将这些动作或操作能力称为运动技能。研究发现，无论是在日常生活，还是在特殊的职业环境中，人们所完成的各种运动技能都具有许多共同特点、影响因素和变化规律。本书将论述这些运动技能，尤其是与体育运动有关的运动技能学习与控制过程中的客观规律。

　　运动技能的研究主要包括运动技能理论、运动技能形成、运动技能控制三个方面，本书将运动心理学、运动技能学和运动训练学相结合，深入探讨人类是如何通过练习获得运动技能，达到以最高的准确性、最少的时间、最经济的能量消耗实现预定目标。

综上所述，在当代竞技体育中，运动员运动技能特别是运动技术的训练日益受到重视，运动技能既是运动员通过长期训练、比赛积累而成，又是通过多种竞技能力间相互协调、相互促进，以及运动员本身灵活施展专项技术来赢取比赛的综合能力。

本教材在撰写的过程中，参考了大量的学术文献，得到了许多专家学者的帮助和指导，在此表示真诚地感谢。由于作者水平有限，书中难免会有疏漏之处，在此恳请广大同行和读者及时指正。

李莹

2024 年 1 月

目 录 --

控制篇

理论篇

目前,在理论研究上,运动技能学的学科研究面很广,研究也很深入,并积累了很多知识和经验。学者们在实验室里完成的许多运动技能基础研究,为这门学科的发展做出了重要贡献。但在实际应用中,运动技能学的理论与实践有较大脱节。在美国大学运动技能学习和教学中,虽然学生学了很多概念知识,但这种知识常常停留在理论层面上,许多概念也比较抽象,学生觉得在课堂中所学的知识难以运用到实践中去。显然,体育科研工作者还未能有效地将运动技能学的理念传输给教练员、运动员及有关体育同行,这也是许多教练还是用传统方法进行运动技能训练的原因。

由此可见,在运动技能学的学科发展上,理论与实践脱节是一个很大的问题,需要体育科研工作者在这方面做更多的实际工作。出版此书的主要目的,正是希望将运动技能学的理论与实践相结合,帮助学习者学以致用,更好地学习与掌握运动技能,提高训练成绩。

运动技能历史研究范畴

运动技能学是体育教育和运动训练的基础学科。在中国,该学科的发展相对比较缓慢,对此专门进行研究的学者相对较少。运动技能指人体在运动中掌握和有效完成专门动作的能力。这种能力包括大脑皮质主导下不同肌群间的协调性。换言之,运动技能也就是指在准确的时间和空间内大脑精确支配肌肉收缩的能力。这需要用精确的力量和速度依照一定的次序和时间去完成所需要的动作。

第一节　运动技能横向研究范畴

本节从心理学研究领域、生理学研究领域、体育学研究领域、人类学研究领域深入探讨运动技能形成与控制的横向研究广度、纵向研究深度。

一、心理学研究理论

(一)习惯论

习惯论认为,一种运动成分所产生的运动刺激,通过习惯的形成而与下一个运动成分联系起来。当习惯连接形成时,一旦开始某一动作,那么一种反应所产生的刺激就引发了另一个行为成分,从而使一系列动作得以流畅地执行。习惯在这里所起的作用不仅是外部引发刺激与一种反应联系起来,而是将一种动作成分与另一种动作成分联系起来。习惯论是行为主义心理学在运动技能形成上的观点。行为主义心理学派认为,运动技能学习是科学地研究运动中或前后有关行为的科学。在具体的动作练习与提高方面,练习的强度、密度越大,重复的次数越多,掌握的技能数量增加,动作的运用也就越强,运动技能水平相应提高。行为主义心理学派认为,学习过程是一种渐进地"尝试错误",直到最后成功的过程。随着误差的减少,正确的增加,最终形成固定的刺激与反应的连接,这就是所谓的"学习即联结"。因此运动技能学习中为了学生能有强反应,就要加强刺激。模仿练习就是加强练习,重复练习就是多刺激,这就要求在体育教学中必须多练、多讲、多考核。

(二)信息加工理论

随着习惯论的退出,信息心理学理论的建立,运动技能学习的理论基础也发生了变化。许多心理学家以信息加工理论为基础,研究出了运动学习的相关理论。如亚当斯的闭环理论、怀丁的动作技能模式、金泰尔的运动技能掌握模式、克拉蒂的三水平理论。上述几种理论都强调学习主体的内部因素,从信息加工观点,学习主体的内在心理表征与心理过程的角度来研究动作技能,认为对运动技能的表征,对反馈信息的加工,引发、调节、修正着动作行为。如怀丁的动作技能形成模式理论提出,动作技能模式(model of motor skill)由三个部分构成:①结构(身体)成分,包括感觉器官、中枢机制和肌肉系统;②功能成分,包括输入、决策和输出;③中枢机制,包括知觉机制、转换机制和效应机制。金泰尔的运动技能掌握模式(model of motor skill acquisition)综合神经生理学和实验心理学的研究成果,并运用行为概念,将技能区分为开放性和闭锁性两种,教师在教学中应采用相应的方法。

(三)认知理论

早期的认知理论与信息加工理论有着密切的联系。20 世纪 80 年代以后,由于对操作活动认知过程研究的深入和对运动技能教学与训练手段及方法的改进,在运动技能学习领域开始引入一些新近提出的认知理论,对操作活动进行深入考虑与分析。如施密特提出的图式理论、产生式系统理论、中枢网络模型和洛根的事例理论。该理论认为,个体进行有目的活动之后,即对四个方面的信息进行加工和存储,在此基础上形成一种图式。这四个方面的信息包括:

①开始动作的条件;②在执行特定动作时必须运用动作要求的知识;③由于反应而产生的感觉信息;④从内、外反馈得到的反应结果。产生式系统理论认为,个体动作技能的认知表征是由条件行为对构成的产生式的集合,它们负责在特定条件下产生适当的行为。技能形成的过程是由陈述性知识控制转化为程序性知识控制的转换过程。洛根的事例理论则认为,构成某种动作技能基础的训练经验的表征,对动作技能学习具有十分重要的意义。

二、生理学领域研究

在 20 世纪早期动作行为研究兴起的同时,运动技能的生理学基础研究取得了辉煌成果。研究者先后对肌肉组织的收缩特征,即今天所熟知的肌肉"弹性"特征、大脑的电兴奋性、大脑皮质对运动的不同应答反应以及感觉与大脑运动皮质的对应关系等进行了相关研究。这一时期在神经控制领域,谢林顿及其同事对各种反射的研究有着较为重要的影响,他们对这些末端刺激的各种主要反应进行了研究和分类,并认为其是人类大多数有意运动的基础反射。谢林顿提出了很多经典的动作控制概念,其中多数概念在今天仍然对这一领域产生着影响。例如,他最先提出神经的交互支配概念和"最后公路"这一术语,即动作既受到来自各种反射和感受器的影响,也受到来自大脑的各种指令的控制,最后汇聚到脊髓水平以产生最终指令并传递到肌肉组织以执行动作。不管运动技能种类如何繁多,动作多么复杂,其形成的生物学基础,都是运动性条件反射。

三、体育学领域研究

运动技能的学习与控制研究迎来新的时代,研究的热点、兴趣呈现多样化,成果正逐步应用于训练、康复和教学实践领域。目前的热点之一就是对学习过程中的信息利用问题,研究者在很多项目中研究了新手与专家的加工特点,从而为评价、选拔和训练提供理论指导。随着专业教育的发展,体育逐渐从教育中分离出来而形成一门新的独立学科——体育学。在长期的发展过程中,体育专业教育逐渐形成了独特而鲜明的专业特色,即实践性和运动性,这是体育专业区别于其他专业的突出特征。学生在掌握体育理论知识、提高科研能力的同时,还应具备一定的体育运动能力,这是体育专业的特色所在,也是体育专业的必然要求。学习者只有亲身实践、参与体验、提高技术、发展体能，才能更好地体会和领悟体育学的相关理论特性。学习运动技能的目的并非单纯提高技能水平，而是通过亲身参与运动实践，感受体育带来的生理和心理的变化，熟悉体育运动的过程。因此，应明确运动技能学习目标，避免单纯为了就业而进行功利性学习。

综上，在体育学领域的研究也是运动技能研究的一个重要范畴。特别是在当代的竞技体育中，运动员运动技能特别是运动技术的训练也日益受到重视，各项群有各项群运动技术训练的要点，例如在技战能主导类同场对抗性项群中就极其重视身体对抗技术的训练，同时重视合理处理技术全面和位置技术的关系，并更为关注组合技术。

四、人类学领域研究

随着社会老龄化的进一步发展，这一主题的研究将有很大的发展空间。此外，动作控制与学习的脑科学研究是近年来最活跃的领域，这受益于研究方法和手段的进步与发展，如 ERP 和 fMRI 技术等，探讨因动作学习和训练而导致的脑结构变化，可以加深人类对大脑可塑性的认识。学者米德尔顿等曾研究指出，脑中存在"动作—认知—情感"的功能环路，这是动作与心理活动联系的物质基础。当然传统的有关技能的练习方法，如练习量的分布、文脉干扰和迁移等问题仍然是动作学习研究的核心问题。早期的动作行为研究多是独立进行的，学科间很少或几乎没有合作。今天，来自物理生物学、神经生理学、生物力学、实验与应用心理学、体育学、运动人体科学的观点正在逐步走向融合。随着新成果的不断推出，各学科间的合作研究将会进一步推进运动技能学习与控制研究的发展。

人类学大致可区分为：人体的形态、遗传、生理等人体人类学，自然人类学亦称为人体人类学。以风俗、文化史、语言等文化为研究对象的文化人类学，以及专门研究史前时期的人体和文化的史前人类学。

五、运动技能与人类发展

(一)运动技能与个体发展

运动技能与人类发展动作是人类最重要的一种基本能力。对个体发展而言,动作具有保障生存与促进发展的双重价值。人类很早就开始对动作发展及其顺序进行观察研究,较有影响的开创性研究当属 1877 年达尔文对自己孩子动作发展的记录,这种观察法(Bukatko,Daehler,1992)一直沿用到 20 世纪初。此后逐步过渡到以较准确的录像记录方式进行研究。由于动作研究长期受到方法和技术的限制,在动作与个体发展关系的问题上,通常认为两者是单向和平行发展的,互不相关或很少相关,即认为神经系统的成熟度决定着动作与心理的发展,甚至还有观点认为动作与心理的发展相互抑制,如"头脑简单,四肢发达"。事实上,动作本身不但是个体发展的重要部分,而且对个体其他方面的发展也有重要影响。在复杂的社会环境中,人类要适应环境、猎取食物、逃避危险等,就必须提高自己相应的技能,所以,人类的大部分动作是在适应环境的过程中逐步发展起来的。

从某种角度来说,个体动作的发展是从简单反射性动作、无意识动作逐步发展到复杂的、意识性的和自动化的运动技能,运动技能的发展是个体发展的一个部分。在婴幼儿期,个体的大部分时间和精力用在动作的学习和操作上,用于练习基本生存活动所需的动作,如爬行、行走、跑跳等;青少年期,尽管已经具备了一些基本的动作能力,但这一时期个体对动作仍保持着明显的偏好,表现为发展更高水平,适合其学习与工作需要的动作;老年期,由于身体机能水平的衰退,通过各种途径保持生活必需的基本动作能力就显得极其重要。所以,在个体发展的各个阶段,动作本身都是不可或缺的发展内容。

(二)运动技能与身心发展

身心发展的评价指标在个体发展的过程中,无论是婴幼儿阶段、青少年阶段还是老年阶段,动作都是监测、评价、诊断个体身心发展状况的重要指标。在早期,由于语言和思维能力的局限,婴幼儿的发育水平主要体现在动作的发展上,因此,动作发展成为评价儿童发展的重要指标。从 20 世纪初开始,对儿童早期发展的评价主要以动作为评价指标。目前,国外相继研制并广泛使用的儿童发展评估工具及我国修编的《中国儿童发展量表》都以动作发展为重要评定指标。在青少年和成人阶段,虽然动作发展监测指标的敏感性有所下降,但身体机能的异常仍然较早地反映在动作行为上,尤其到了老龄阶段,机能的衰退首先表现在动作行为上,因此运动技能同样具有诊断意义,可以为运动技能的恢复或延缓提供评价基础。

(三)运动技能与心理发展

动作发展对于个体的认知、情感和社会性发展具有重要意义,个体早期动作发展的里程碑阶段(学会爬、走)恰好是其心理发展的重大转折时期。从心理的起源与发展来看,动作对于个体早期心理发展有着广泛而深远的影响。一方面,个体的心理因素,如认知、情感状态和个性心理对动作的产生、执行及效果有着广泛的影响;另一方面,动作对个体的心理发展也具有建构性影响。例如,在婴幼儿阶段,个体对外部世界的认知主要通过各种动作活动来实现,当婴儿的腿被系上铃铛后,腿动和铃响之间的联系表现为儿童最初对因果关系的认识。随着年龄的增长,虽然可能不再完全依赖这种外显的动作经验,但早期的动作图式却是儿童后期认知结构发展的基础。所以,动作对心理发展的影响是长期的,它反映了个体参与自身发展的主动性。

第二节 运动技能纵向研究深度

早期的动作行为研究多是独立进行的,学科间很少或几乎没有合作。如今,来自物理生物学、神经生理学、生物力学、实验与应用心理学、体育学、运动人体科学的观点正在逐步走向融合。随着新成果的不断推出,各学科间的合作研究将会进一步推进运动技能学习与控制研究的发展。

一、运动技能在 20 世纪的研究概述

(一) 20 世纪初期的运动技能研究

伍德最早系统性地对运动技能进行了研究,他试图找出各种快速手臂运动的某些基本规律,这些基本规律至今仍然是运动技能领域探讨的主题;桑代克作为 20 世纪最有影响力的研究者之一,主要研究了运动技能以及其他行为学习的潜在过程,这种思想为 20 世纪以后的学习理论奠定了基础。此外,肌肉组织的收缩特征,即肌肉"弹性"特征、大脑的电兴奋性、大脑皮质对运动的不同应答反应,以及感觉与大脑运动皮质的对应关系等生理或神经学基础研究也取得了辉煌成果。早期的神经控制研究主要涉及一些较为简单的运动,只是单纯地研究神经与肌肉间的联系,研究者主要感兴趣的是神经加工过程而不是运动本身。研究的动作通常不会考虑得很详细,并且这些研究通常没有对动作的速度、准确性以及动作模式进行研究测量。而此时在动作行为研究领域,已经对很多非常复杂的运动技能进行了研究。

(二) 20 世纪中叶的运动技能研究

第二次世界大战对整个世界产生了深刻的影响,同样也对运动技能研究产生了重要影响。研究者对驾驶飞机、射击、不同温度下的身体训练以及车辆驾驶等其他与作战相关的技能训练进行了系列研究,这些研究也间接地推动了这一学科的发展。研究者开始意识到训练对于优秀飞行员来说更重要。因此,研究者开始更多地将注意力转向运动技能的学习、机能的迁移和保持等问题的探讨。赫尔提出了有关学习与疲劳的理论,对战后动作行为研究的发展产生了深远影响。这一理论解释了疲劳和恢复过程是如何共同作用以影响运动技能学习的,主要涉及联系的分配以及疲劳对操作和学习可能产生的影响等。尽管理论相关变量或有不足,但随着工业社会的快速发展,一种人际互动研究开始兴起。由于认识工业中机械操作是一个重要环节,因此机械的设计必须考虑人类的心理特点,即今天的人因工程学。

(三) 20 世纪末的运动技能研究

自 20 世纪 70 年代开始,动作技能学习与控制研究领域发生了巨大变化。

统治了近一个世纪的行为主义的刺激-反应理论（S-R 理论）被以认知学派的信息加工理论所取代。Miller 等（1960）的《行为的计划与组织》和 Neisser（1967）的《认知心理学》对实验心理学产生了重大影响，随后也影响到了动作行为的研究。研究兴趣转向了认知心理学，一些关于心理和动作过程的思想以及研究的方法与范式逐步取代了较为简单的刺激-反应范式。

受认知心理学的影响，动作行为领域经历了从任务定向到过程定向的转变，即由主要关注各种变量对某些动作任务的绩效或学习的影响转向关注产生动作的某些心理或神经事件的影响（Schmidt，1989）。个体对信息的加工类似于计算机的编程过程，研究者以这种理论来认知动作学习过程中动作信息是如何编码和储存的，动作在记忆中是如何表征的以及错误信息是如何被加工的，即记忆与遗忘的问题。理论研究又重新激起了人们的研究热情，Adams（1971）相继提出了言语学习和动作学习的反馈理论；Schmidt（1975）也提出了一般动作控制的图式理论，这些理论共同推升了动作行为研究的热情。

自 20 世纪 70 年代开始，神经控制和动作行为两个领域的研究开始走向融合。很多研究者在动作行为和神经控制两个领域都接受过正规教育，研究主题开始深度交叉，共同进行学术探讨，为这两个领域的融合搭建了桥梁（Gandevia 等，2002）。越来越多行为方向的研究者开始探讨动作控制问题，并在研究中使用了各种电生理和生物力学技术以试图了解运动过程中中枢神经系统的功能。而神经控制科学也从只研究简单动作的神经机制转向探讨复杂动作过程的生理机制。研究多以动物为试验对象，主要有猴子和猫等，将电极植入动物的大脑、脊髓或肌肉等部位，记录运动过程中的电变化（Grillner，1972；Houk，1979；Schmidt 等，1986）。这些研究的目的就是要揭示动作行为和神经加工系统之间的联系，以便能更全面地解释动作是如何控制的。

至此，两个领域不单是简单的交叉，动作控制研究也开始逐步走向独立。其有自己的研究领域，自己的专业期刊以及自己研究问题和收集数据的方法，如记录和分析运动的各种复杂技术（如电生理记录仪、录像、三维分析技术、运动学测量以及各种研究脑结构的先进方法等），当然也包括各种传统的研究学习的方法（Corcos 等，1996）。这期间，伯恩斯坦及其团队在理论与实验两方面做出重要贡献，激发了人们对这一领域的研究兴趣。他们一方面对自由度问题进行了探讨，用于解释一个由很多独立部分组成的系统，在没有执行决策者的情况下是如何控制的；另一方面就是将伯恩斯坦关于协调和自由度问题的思想应用到对自组织的规律与原则的研究中,这类研究多以物理生物学为基础(Turvey,1990)。动力学系统理论认为(Kelso,1995),协调运动就是身体各部分之间以及身体各部分与外部物理世界间随时间相互作用的过程,即探讨随着时间的变化而发生的人类行为状态的改变。这一理论认为,知觉和动作在功能上是不可分离的,对动作系统的理解依赖于对动作的各种物理规律以及它们与这些生物功能如何相互作用的理解,这有助于人们从不同的视角来理解动作行为(Anson 等,2005)。

到 20 世纪 80 年代初,研究者对动作控制和人类发展问题研究的兴趣提高了,但对动作学习研究的兴趣下降了。直到 20 世纪末,研究者对动作学习的兴趣又重新燃起,一方面是因为学习问题可能是训练、康复和教学所面对的基本问题,另一方面也可能与练习时机和追加反馈方面取得的一些违反常规的结果有关(Magill,2011)。

(四)运动技能在 21 世纪的研究概述

进入 21 世纪以来,动作控制与学习的研究进一步融合。例如,过去主要刊登神经系统科学的杂志,如《神经科学》杂志等,现在也刊登了很多关于动作控制与学习方面的研究成果。与此同时,神经科学方面的一些研究成果也刊登在各种传统的行为科学杂志上,如《运动行为杂志》和《人体运动科学》等。动作操作过程中的各种具体脑机制研究已经发表在如神经影像等一些专业性杂志上,显示了动作控制研究的快速发展趋势。各种动作控制与学习研究的成果也陆续地刊登在如《物理治疗学》等其他专业杂志上,甚至刊登在如《美国外科学杂志》这类以前不刊登动作行为研究的杂志上。同时,一些新的社团如国际动作控制协会宣告成立,各种新的专业期刊也相继创刊。总之,目前出版的动作控制与学习领域的研究成果比任何时期都要多,所涉及的研究主题也广泛而深刻,很多都是前沿的交叉学科研究。运动技能的学习与控制研究正迎来新的时代,研究的热点、兴趣呈现多样化,成果正逐步应用于训练、康复和教学实践领域。目前的热点之一就是对学习过程中的信息利用问题,研究者在很多项目中研究了新手与专家的加工特点,从而为评价、选拔和训练提供理论指导(Abernethy,1999,2002;Williams,1998,2003;王树明,2005);追加反馈是近年来动作学习研究兴起的主要原因,研究者试图寻找运动技能学习的最有效方式和影响因素,如何更有效地提高技能学习的效果是研究最直接的动因(Schmidr,1997;Magill,

2004；Williams，2002；王晓波，2009，2010；金亚虹，2009）；人类很多的运动技能都是内隐获得的，内隐学习的特征及如何利用内隐学习在运动技能学习中的优势进行学习和训练等问题引起了研究者的兴趣，人们开始审视运动技能的内隐与外显学习的关系（Magill，1997；任杰，2001；Williams，2003）。同时，运动技能的协调与平衡问题也是新近研究者关注的热点之一，这主要是源于老年人的动作发展和康复理疗需要（Kelso，1998；llott，2001；任杰，2011）。随着社会老龄化的进一步发展，这一主题的研究将有很大的发展空间。此外，动作控制与学习的脑科学研究是近年来最活跃的领域，这受益于研究方法和手段的进步与发展，如 ERP 和 fMRI 技术等，探讨因动作学习和训练而导致的脑结构变化，可以加深人类对大脑可塑性的认识。米德尔顿等（2000）曾研究指出，脑中存在"动作—认知—情感"的功能环路，这是动作与心理活动联系的物质基础。当然传统的有关技能的练习方法，如练习量的分布、文脉干扰和迁移等问题仍然是动作学习研究的核心问题（Grouios，2000；Kwakkel，2002）。

互联网时代加速了国际的文化传播，运动技能的学习与控制这一学科正在以前所未有的速度走进研究者的视野，逐渐为人们认识和接受，并即将作为必修课在体育教育专业和运动训练专业本科教学中开设。

（五）我国运动技能学习与控制研究

我国运动技能学习与控制的研究与其在欧美的发展相似，主要寄居于母学科心理学和运动心理学领域，早期主要借用运动心理学的方法与手段进行研究。目前我国能够查证的最早对运动技能进行研究的专论是马约翰先生的《运动的迁移价值》。新中国成立后，最先开启我国运动技能学习与控制研究的是华南师范大学心理系许尚侠教授，其《上肢关节动觉感受性与体育训练的关系》（1964）一文是国内最早探讨动作技能控制的实验研究，其所得结论对本领域的研究仍有启发意义。随后许尚侠又对操作思维（1983）、遗忘（1986）和注意（1993）与动作的关系进行了系列研究，并通过实验研究了不同反馈频率对于动作学习效果的影响（1997），其研究成果《动作学习的系列研究》于 1995 年获国家教委首届人文社会科学优秀成果二等奖。真正全面开启我国运动技能学习与控制研究新方向的研究者当属上海体育学院的章建成教授。十年的博士留学经历不仅让他在运动技能学习与控制领域打下了坚实的理论基础，也使他的研究站在了国际的前沿，他培养的一批硕士和博士研究生现正在成为我国这一领域研究的生力军。

目前国内有关运动技能学习与控制的研究主要集中在以下五个研究主题上。①专项知觉运动技能的研究,研究主题包括测量与评价(章建成等,1989—1998;王树明,2005)、适宜指标(王树明,章建成,2008)、知觉判断的启动效应(徐立彬,李安民,2013)以及训练等问题(王树明等,2009)。②运动技能的内隐学习,研究的主题包括内隐运动学习的注意机制(任杰等,2000)、优势(任杰等,2000;范文杰等,2004)、运动员内隐学习的水平差异(漆昌柱等,2007)、抗应激性(胡桂英等,2009)、内隐学习与注意瞬脱的关系(王树明等,2014,2016)以及内隐运动学习在教学中的应用(于志华等,2011,2015)等。③运动技能学习的追加反馈,研究的主题包括反馈方式(金亚虹等,2001,2002,2010)、时间点(金亚虹等,2005)、反馈频率(陈敬等,2008)和不同任务性质(金亚虹等,2005;陈敬等,2008)对技能学习的可能影响等。④示范与运动技能的学习,研究的主题包括不同的示范者(王晓波等,2009)、任务性质(王晓波等,2010;部义峰,2013)和示范比例(王晓波等,2010)等对运动技能学习的影响。⑤运动技能的迁移。迁移不仅是动作学习的终极目标,也是动作学习研究永恒的主题。这一主题的研究包括运动技能两侧性迁移的发生与不对称性以及来自 EMG 和 ERP 的证据(刘江南,2004)、两侧迁移的量与方向(郭小琳,2007;王晓波,2013)、不同指导策略(张英波等,2011,2013)、不同项目以及不同学习阶段(洪剑,徐国富,2013)等对运动技能学习的影响。

这些研究成果为开启和推进我国的运动行为研究奠定了坚实的理论基础,也为这一领域的未来发展指明了方向。

进入 21 世纪,随着我国学者对外学术交流的不断扩大和深入,国内出现了一些有关运动技能研究的译著和编著教材。张英波教授编著的《动作学习与控制》(2003 年)是国内最早的中文著作,它从“动作学习”和“动作控制”两部分较完整地呈现了这一学科的知识体系,但在整体结构和内容上沿用了较多的国外知识体系。随后,张忠秋等(2006)翻译了 Richard A. Magill 的《运动技能学习与控制》(第七版)。此书全面介绍了当今运动学习与控制领域的研究内容和发展概况,把理论知识和实践操作有机结合起来,是一部在世界上有着广泛影响的专业教材,它对动作技能学习与控制在国内的传播与普及起到了积极的推动作用,很多学校也以其为主要参考教材开设了选修或研究性课程。但由于我国在这一领域的研究起步较晚,目前还没有自己编写的较有影响的专著或教材,作为一门学科,国内对运动技能学习与控制已经有相当的了解,并已经在多校的本科生或研究生中开设了选修课程,积累了多年的教学经验。同时,国内对于运动技能的学习与控制也开启了多主题的系列研究,取得了一系列的研究成果,也积累了很多的研究经验。因此,在梳理和归纳国外研究成果的基础上,结合我国的教学经验和研究成果,编写一本适合我国学生使用的教科书不仅是必要的,也是可行的。

目前国内的这些研究还缺乏系统性。同时还应看到,这些研究多集中在运动技能的学习领域,对于运动技能的控制及其内在机制的研究很少。

在专业教材与著作方面,20世纪80年代以后,国内的心理学教科书陆续开始增加了运动技能学习的相关内容。如黄希庭编著的《普通心理学》(1982)是较早较全面地对运动技能的性质、特征、形成、分类以及技能的练习与影响因素进行介绍的教材,并形成了当今我国动作技能学习的基本知识体系。

第三节　运动技能研究意义

运动技能是针对运动项目具体的运动行为方式,而运动能力则属于人的个性心理范畴,主要包括身体形态、运动技能、身体素质、心理素质等综合性特征。运动技能的多样化有助于发展学生的运动能力,具有较强的运动能力则有助于加快学习运动技术的形成。

一、提高运动员的竞技成绩

无论是竞技体育还是大众体育,学习者都要通过反复练习和实践而获得某项运动技能。运动技能在一定程度上反映着运动员比赛中的竞技能力,提高运动技能对运动训练有着重要的意义。运动技能是运动员通过长期训练、比赛积累而成的,技术能力是其中一个重要的部分,但也蕴含着其他主要构成的因素,是多种竞技能力间相互协调、相互促进,通过运动员本身灵活施展专项技术用来赢取比赛的综合能力。我们可以将运动技能的形成归纳成以下四个阶段。

（1）运动技术的学习。运动员运动技术刚刚确立专项，对本专项技术动作进行练习并且掌握。

（2）稳定掌握技术动作。通过练习对单一或成套技术达到了一定的熟练程度，自身专项所需的各运动素质得到了一定的提升，专项动作更加熟练协调。

（3）一般技能的形成。在达到以上基础后，运动员通过长期反复的实战经验积累，能够熟练自如地使用技术动作，在任何情况下都能有一定的应对能力（尤其是技能主导类项目）。

（4）技能的形成。通过长时间的练习和沉淀，运动员对自身特点和项目制胜规律都有了足够的认识，能够最大限度地将自身能力通过技术这个媒介有效地在比赛中发挥出来，是一种"驾驭"比赛的能力，是将技术磨合为自己身体一部分的"境界"。

从以上四个阶段的发展中我们可以发现，这是一个运动员对技术动作逐渐熟练并灵活运用的过程，从单一的技术层面来看这是一个从不会到会，从会到熟练的过程变迁。但随着技术动作熟练程度的逐渐提升，随之增长的也有运动员的比赛经验以及灵活应用技术的能力。运动技能更加强调比赛中使用技术时的应变能力，例如，技能类项目中运动员会随着对手的变化调整自身技战术的细节等。运动技能的形成除了需要长期反复的练习，更加需要的是通过比赛来磨砺运动员的意志品质，只有这样才能达到登峰造极的境界。在运动员初始学习的这一阶段，我们可将基本技术看作是运动员为获得"技能"时的学习"对象"，而运动技能是运动技术学习的"结果"，如一名运动员因学习了某项"基本技术"，通过反复练习和实践而获得了该项"运动技能"。当然，这个学习的过程是漫长的，在基本技术的初始学习阶段，只能被看作是从不会到会的迈进，对技术的掌握程度并未达到技能的水平，运动员只是通过反复练习对该专项基本技术达到一定的熟练程度，此时技术所展现的熟练通常是外在的，还未达到内部肌肉发力协调有序的程度，技术缺乏相对的稳定性。因缺乏竞赛经验的积累和临场实践对技术的历练过程（尤其是技能类），所以运动技能的形成离不开前期对基本技术的长时间积累。而从众多训练的实践中可以看出，在运动员形成技能并取得一定优异成绩后仍然需要大量的基本技术练习，用来巩固自身的技能水平或达到更高的竞技能力。从中可见基本技术对运动技能的重要程度不言而喻。

综上所述，可以认为运动技能是运动员对自身专项技术通过长期专业训练后,形成的一种对运动技术灵活运用的能力,是运动员将自身运动实践经验与运动能力相结合,是运动员以专项技术作为媒介,促使自身竞技水平能够在比赛中得到最大限度的发挥。运动技能在一定程度上反映着运动员比赛中的竞技能力,提高运动技能对运动训练有着重要的意义。

二、提高青少年的体育教学效果

当代中国青年生逢其时,施展才干的舞台无比广阔,实现梦想的前景无比光明。全党要把青年工作作为战略性工作来抓,用党的科学理论武装青年,用党的初心使命感召青年,做青年朋友的知心人、青年工作的热心人、青年群众的引路人。广大青年要坚定不移听党话、跟党走,怀抱梦想又脚踏实地,敢想敢为又善作善成,立志做有理想、敢担当、能吃苦、肯奋斗的新时代好青年,让青春在全面建设社会主义现代化国家的火热实践中绽放绚丽之花。《"健康中国2030"规划纲要》在第六章的"提高全民身体素质"的第四节中,把青少年列为促进体育活动开展的重点人群,提出要通过实施青少年体育活动促进计划,培养青少年体育爱好的要求。其中"基本实现青少年熟练掌握一项体育运动技能"是纲要的内容之一。从运动技能掌握程度来看,运动技能可划分为合格技能、良好技能与优秀技能,优秀技能也可称之为熟练技能、自动化技能、技巧性技能、动力定型技能,因此,熟练运动技能、自动化运动技能、技巧性运动技能、动力定型运动技能的含义基本是一致的。运动技能是培养运动习惯的基础,没有一定的运动技能,运动习惯的养成将成为空话,因此,体育教学的主要目标之一是学习运动技术,掌握几项运动技能,同时在课外要鼓励学生经常利用已学的运动技能参加体育活动,这样才能逐渐培养良好的运动习惯,身体锻炼就有了一定的保障。

三、运动技能学科体系

近年来,无论从众多网络学习平台开放运动技能学习的相关课程,还是到国家颁布最新《高等学校体育学类本科专业教学质量国家标准》,都体现出该学科在体育教学中的重要地位。它是一门探讨人在运动活动中,有关运动技能的练习、提高和控制过程中的现象与规律的学科。其目标是通过教学使学习者了解运动技能的学科发展、技能控制过程的内在机制、技能学习的效果评价、练习的组织等原理与方法，提高人类对自身行为活动特点的认识与了解，培养学习者运用运动技能学习与控制的理论与知识来解决教学和训练实践中的问题。这门课程包括运动技能概述、运动技能控制和运动技能学习三个部分。该课程是《高等学校体育学类本科专业教学质量国家标准》规定的"3+X"核心课程中的"3"的其中课程之一。

对运动技能的控制与学习研究最初主要起源于两个领域：一是侧重与运动相关的神经过程研究的神经生理学，但很少涉及对运动本身的研究；二是侧重高水平技能研究的运动心理学，但很少涉及神经机制的研究。在近一个世纪的研究历程中，两个领域在各自不同水平上开展着自己的研究，相互影响并不多，一直到20世纪70年代末期，两大研究领域开始走到一起，促进了动作技能研究的迅猛发展。进入21世纪，动作控制与学习的研究进一步融合。过去主要刊登神经系统科学的杂志，现在也刊登了很多关于动作控制与学习方面的研究，与此同时，神经科学方面的一些研究成果也刊登在各种传统的行为科学杂志上。一些新的社团如国际动作控制协会宣告成立，各种新的专业期刊也相继创刊。目前出版的动作控制与学习领域的研究成果比任何时候都要多，所涉及的研究主题也广泛而深刻，很多是前沿的交叉学科研究。

如今，来自物理生物学、神经生理学、生物力学、实验与应用心理学、体育、运动机能学的观点正在逐步走向融合。随着新成果的不断推出，各学科间的合作研究形成一个新领域——动作技能控制与学习。未来会出现什么变化我们不得而知，但是不管发生什么变化，历史的经验告诉我们，动作技能的学习与控制学科将会随着知识和经验的积累而逐步完善。

运动技能的概念、种类及特征

运动技能是运动员对自身专项技术通过长期专业训练后,形成了一种对运动技术灵活运用的能力,是运动员将自身运动实践经验与运动能力相结合,是运动员以专项技术作为媒介,促使自身竞技水平能够在比赛中得到最大限度的发挥。运动技能在一定程度上反映着运动员比赛中的竞技能力,提高运动技能对运动训练有着重要的意义。

第一节 运动技能的概念界定

一、运动技能的概念及概念辨析

(一)运动技能的概念

《辞海》(第七版)对运动技能的定义为:运动技能亦称"动作技能"或"操作技能"。指个体为完成某种操作活动,以一定的方式、程序组织起来的肢体动作系统,是一种复杂的、连锁的、本体感受性的运动条件反射。形成这种反射活动的神经中枢,既有运动中枢,又有视、位、皮肤感觉及内脏活动中枢参与活动。它的形成要经历泛化、分化、巩固和自动化这样几个互相联系的阶段;各阶段间没有明显的界线,是在训练过程中逐渐过渡的。各过渡阶段的出现和持续时间的长短受许多因素的影响,既与教学法、训练程度有关,又和运动员学习的目的性、积极性有密切联系。

从运动技能的定义中,我们知道运动技能是通过练习获得的。一般来说,人类的运动技能只要进行一定时间的练习,其技能绩效水平就能得到改善。技能绩效的变化可以通过一些方法进行测量,如测定篮球运动员的投篮命中率或给体操运动员的动作打分。但是,技能绩效的改变有很多因素会影响运动技能的学习。如疲劳会影响技能绩效,疲劳消除后,技能绩效又会恢复到原来水平(马国强等,2011);焦虑情绪也会对技能绩效造成影响,通过心理训练可以使焦虑水平降低,进而提高技能绩效(任杰等,2005;于兆杰等,2000)。除此之外,运动员的比赛动机、自信程度、适应性、教练的安排、观众的情绪等都会影响技能绩效(汪若浩,赵建,2011)。因此,作为运动技能的指导者来说,区分技能绩效和技能学习是非常重要的。

(二)运动技能的内容

1. 动作控制

动作控制理论是基于控制系统的中心和环境提供运动命令的相对重要性来进行划分的。以运动系统的控制中心为特定的运动指令具有以某种形式储存的记忆表征,如某个动作程序,由其效应器提供指令;而以环境为特定的指令时,强调的是这种信息和身体、肢体及神经系统之间动态的相互作用。

2. 动作学习

如何利用不同的动作学习方法来促进体育运动技能的发展以及康复患者运动技能的恢复,是学校体育、训练领域乃至物理治疗领域的热点课题。

3. 动作发展

动作发展是研究人类一生中动作行为的变化、构成这些变化的过程以及影响它们的因素。这种行为变化包括个体一生中发生的所有的运动行为变化,是由于成长、成熟和经验等因素导致的。研究主题包括胚胎期的孕育对以后动作发展的影响、功能性任务的发展(如书写)、儿童的身体活动以及青少年的竞技运动如何随时间变化而变化。如研究不同年龄被试的投篮动作,跨度可由学龄前到低、中、高年级乃至老年人。运动发展研究关注的是行为变化过程中运动协调结构间的转换,强调生物体、任务和环境间的交互作用对个体运动发展和行为的制约作用。其研究的范围可从在母体内的胚胎活动到人的老年阶段,时间延续范围最大,以月、年、年代等较长时间为观察动作行为变化的单位。如给予儿童和青少年的运动经验应该有什么不同?与给予成人和专业运动员的运动经验又有什么不同?当然,由于动作发展研究中的关键核心是在不断变化的,所以考察老年人和他们走路姿势时,主要关注的是这些姿态模式是怎样从早期发展而来的,从而为探讨老年人的姿势平衡和延缓动作功能衰退提供理论基础。

动作发展是所有人都要经历的一个过程,人们都是逐渐地学会爬行、行走、书写、奔跑以及其他复杂的人类应用技能,有时动作的发展迅速而明显,如婴儿的爬行动作发展,有时又变化很小以至于多年看起来变化不大,如成人的走路姿势,其实这些技能每天都会有细微的变化。作为一个学科领域,动作发展已经从昔日的多维描述性研究向现今重视过程研究过渡,以信息加工理论和动力学系统理论为基础,强调生物体、环境和任务间的共同作用。

二、运动技能的概念辨析

(一)运动能力概念

运动能力是指人参加运动和训练所具备的能力,是人的身体形态、素质、机能、技能和心理能力等因素的综合表现。运动能力越强,就能做出越难的运动技术。最典型的例子如篮球运动中的扣篮运动技术,当运动员的弹跳和力量不达标时,是无论如何练习都无法完成的。

(二)运动能力分类

1.体能素质划分

弗莱希曼将身体熟练能力界定为以下 9 类:①静态力量,指人能够对外界物体施加的最大力量;②动态力量,指反复用力时肌肉的耐力;③爆发力,指有效地调动能量以爆发肌肉力量的能力;④躯干力量,指躯干肌肉的力量;⑤伸展柔韧性,指弯曲或伸展躯干和背部肌肉的能力;⑥动态柔韧性,指重复快速躯干弯曲动作的能力;⑦全身协调性,指运动中身体各部分的协调能力;⑧身体平衡能力,指在没有视觉线索的条件下保持身体平衡的能力;⑨耐力,指需要心血管参与维持最大限度工作的能力。然而,尽管弗莱希曼用了成百上千个任务来界定这些能力,但除了他使用过的任务,其他类型的任务可能会导致另外的不同运动能力的界定。弗莱希曼的运动能力分类并没有详尽地包含所有与运动技能绩效相关的能力,如静态平衡力,就是在一个稳定的或非运动状态下维持姿势稳定的能力,如站在地板上看书;动态平衡力,就是在一个移动的或运动状态下维持姿势稳定的能力,如在人行道上行走。

2. 按项目划分

按照运动项目类型进行划分的时候,运动能力便可划分为基本运动能力和专项运动能力。从能力的角度进一步对基本运动能力与专项运动能力进行区分,基本运动能力主要是基于基本运动所形成的能力,即走、跑、跳、投、滚、翻、爬、钻等的能力,而走、跑、跳、投等主要来源于田径运动,滚、翻、爬、钻等主要来源于体操运动,因此,田径与体操在发展基本运动能力方面是最主要的项目。

专项运动能力主要是基于专项运动所形成的能力,如篮球运动能力,是通过学、练、赛篮球运动形成的;足球运动能力是通过学、练、赛足球运动形成的。专项运动能力具有明显的专项特征,专项能力各自的特殊性决定着能力的差异性,发展各类能力时,通过各运动项目而有所侧重。之所以按照运动项目划分运动能力类型,一方面是体育教育教学通常是按照运动项目实施教学工作,学练某项运动要能达到一定的运动能力水平;另一方面按运动项目类型划分运动能力,也为运动能力评价体系的建立奠定基础。因此,运动能力的一级指标分为基本运动能力和专项运动能力,基本运动能力的二级指标包括走、跑、跳、投、滚、翻、爬、钻等,专项运动能力的二级指标包含篮球、排球、足球等专项的运动能力,即运动能力的一、二级指标都能清晰地区分其不同的类型,以及他们之间的关系。

(三)运动能力的个体差异

1. 个体差异概念

个体差异是人们在完成某些任务时表现出来的稳定而持久的差异。在绩效测试中,至少有两种方法能使两个人表现出差异来。第一个案例,如果这个测试是跑100米,某人可能会每次都比另一人跑得快。这时你可以得出结论,这个人真的比另一人要跑得快。第二个案例,如果一个人在打高尔夫球时一击命中,而另一个人没有,你就不能认为他们潜在的击球技能有差异。因为几乎所有事件的发生都有一定的概率,而个体差异必须是稳定的、持久的绩效差异。第一个案例结论为每次都比另一个人跑得快,属于长期的成绩优势,是一种稳定持久的个人行为差异。但第二个案例,这两个人之间的成绩差异属于偶然且短暂的,并不一定是个体差异。总之,技能中的个体差异具有以下特征:①每次尝试都较稳定;②持续时间较长;③一次测验中技能的差异并不能代表个体差异。对个体差异的研究由来已久,几乎和心理学的发展是同步的。在体育运动领域中,群体中个体之间的差异已经成为研究者关注的重点,因为它是鉴定个体运动能力和潜力的有力指标。个体差异体现为不同的差异变量对技能学习的进度、效率等产生的影响,进而影响个体学习水平和绩效。在动作技能学习领域,个体差异的研究更具有现实意义,对于技能学习中有针对性地运用学习策略具有深远的影响。动作技能学习亟须有效的个体差异理论框架加以指导。

2.影响运动能力个体差异的因素

(1)年龄。不同年龄段技能操作的表现不同,其中有两个显著的阶段,一是从出生到青少年阶段,由于他们的不断成熟以及经验积累,动作技能处于发展过程中;另一个阶段通常针对 65 岁以上的群体,随着年龄的提高,人的动作系统中运动能力发生相应的变化。虽然两个阶段的变量都是年龄,但两个阶段技能的变化却明显不同。

(2)性别。性别是指生物中生理构造和形态相区别的群体。差异可以指差别,主要指同一形态或不同形态的事物存在不一样的地方;而针对本文而言,性别差异是指男性与女性。有些直接研究性别差异,而有些则是在其他问题的研究过程中偶然发现了性别之间的差异。

女运动员在某些平衡、节奏、手眼非位移操作方面的动作协调能力占优势;男运动员则在某些体能性、爆发性、快速位移活动动作协调能力方面占优势。在身体活动的认知方式上,男运动员更倾向于场独立性和活动的自主性,而女运动员则倾向于场依存性和活动的被动性。例如,马红霞通过分析测量不同性别儿童在跑、立定跳远、单脚跳、跨跳、侧滑步等项目上的得分,认为 3～10 岁不同性别儿童大肌肉动作中位移能力的发展不存在差异。

性别在运动绩效上体现差异的原因较多。首先,男女本身之间存在一定的差异,并且表现在很多任务上。即使从统计上看,男性在某些任务中比女性优秀,但女性也会在很多任务上做得比男性好。其次,现在还不太清楚性别差异中有多少是由于性别本身造成的。

(3)智力。智力是个体为达到一定目的而理性地思考并有效地应对环境的能力。在社会中,强调抽象概念、推理、获得知识和教育活动,可能在课堂上了解到智力与认知技能相关。因此智力很难被定义,有些学者把智力定义为"智力测验的对象",这个对象指的是个体表现在外的行为。而且有很多不同的测验,智力可以用智商来进行测量与评价。目前作为一种测验,智商测验仍在使用,但也广受争议。不管智商是什么,都应该与动作技能有关。研究者认为,人类产生运动技能的过程就是一个信息处理过程。所以,智商越高信息加工的效率越高,操作的效率也会越高。因此,如果根据智商对被试进行分类,不同智商组在动作技能的操作绩效中应存在显著差异,即智商和绩效之间的高相关。周成林等人对获得全国少年儿童游泳锦标赛前 8 名的男女共 90 名 10～13 岁少年运动员和普通中小学男女共 104 名学生进行了智力测验。结果发现,运动员组 3 个智商值高于学生组,存在显著差异,但在男女性别上无显著差异。在运动员组与学生组言语智商和操作智商的差值比较中发现,操作智商的差值大于言语智商,说明运动员的操作能力优于普通学生。这一结果说明智商与操作绩效之间存在高相关。

另外,智力落后者动作发展与正常人相比差异很大。首先,表现在视动控制、平衡、上肢协调、速度与灵巧方面;其次,是在跑的速度与敏捷性、双侧平衡、体力与反应速度方面;最后,李世昌等研究发现,智障儿童上肢关节活动感知能力与精神动作控制能力与正常儿童相比有较大差距。

(四)神经系统损伤

神经系统病理变化会产生一种特定的行为特征和症状模式,这些与神经系统损伤的性质有关。近年来,对患者群体的比较研究也得到了广泛展开。

(五)技能水平

个体差异还涉及不同技能水平者的操作方式。通过比较专家与新手技能的操作方式,差异主要体现在比赛信息加工过程、视觉搜索过程等方面。

1. 运动预测与选材

"选材"是支撑竞技体育国际竞争力的支柱之一,也是决定一个国家竞技运动水平优劣的重要因素之一。根据不同运动项目的特点,针对性地选择符合要求的儿童青少年运动员进行培养,是目前运动选材任务中的重中之重。在各行各业,预测是提高效益、节省成本、制定发展策略的重要手段。在竞技运动领域,教练需要预测年轻运动员将来是否能被训练成为成功的运动选手。如邱宜均提出了运动员心理选材的意义以及具体的内容方法。测试某一运动员当前的运动水平是非常容易的,但是,要预测他成长以后或者训练之后能否成为一名优秀的选手,就不是一件容易的事了。一方面,教练需要了解优秀运动员(或称为"校标任务")必须具备哪些能力;另一方面,教练还需要了解如何测定这些能力,并且依据正确的选材模型从众多参与者中选出最佳的人选。

准确预测出运动员最终在该项目上所能达到的技能水平是非常有意义的。我们可以根据他们的能力特点引导他们去参加最适宜的运动项目。这样,他们就会容易适应这个项目的训练,满意度更高,成功的希望也更大。虽然,有些人认为应该给每个人一些机会,能够通过长时间地训练来获得成功。但是,训练是需要财力和时间的,如果预测出谁最终很难获得成功,那么,就可以在一定程度上降低训练的支出。在竞技运动领域,这一点就显得更加重要。当选拔了一些儿童青少年运动员,就可以对这部分数量较少且将来有较大成功可能性的人进行专业系统的训练。这也使得这些青少年运动员能够接受更长时间的专项训练。

2. 影响有效预测的因素

(1)能力类型难以了解。预测的困难之一是还没有很好地了解高水平运动技能所需要的能力类型。教练通常会有一些关于这些能力的观点,如篮球运动员需要个子高,橄榄球队员需要体格壮。即便对这些能力有一定的了解,但还是没有人真正知道如何在实践中测量它们。因此,正因为对某项目所需要的潜在能力了解不够和测量存在困难,所以目前对某项目无法进行有效的预测。

(2)能力的种类太多。即使已经了解了某种运动技能所需要的一些能力,而且知道如何测量,但具备高水平运动技能还存在其他一些必须具备的能力。但如果许多能力被忽略掉,这种预测的效果也会大打折扣。

(3)能力类型的改变。随着练习的进行,运动技能所需要的能力类型会发生变化,这使得预测变得更加困难。在技能的初学阶段和熟练阶段所需要的能力类型不同,在预测测试时,也要相应调整测试项目。但我们对这种能力类型的变化还没有系统的研究,使得当前的一些预测工作不太有效。

第二节　运动技能种类

运动技能的种类众多,同类运动技能往往具有一些共同的特征、相似的指导和练习法。为了便于研究和指导练习,有必要对运动技能的种类进行划分。包含运动技能的构成要素及划分维度。

一、运动技能构成要素

(一)认知要素

《辞海》(第七版)对"认知"的定义为:认知,译自英语cognition,即认识,在现代心理学中通常译作认知。指人类认识客观事物、获得知识的活动。包括感觉、记忆、言语、思维和想象等过程。按照认知心理学的观点,人的认知活动是人对外界信息进行积极加工来获取知识的过程。认知过程由感觉、知觉、思维构成。①感觉,人脑对环境刺激的直观的、个别的反映,是其他心理活动的基础,它是认知过程的初级阶段。②知觉,人脑对客观事物的整体反映,是对所感觉事物的个别属性的综合。③思维,通过概念、判断、推理等逻辑抽象活动,发现事物间的内在规律,完善认知体系。运动技能构成的认知要素则包括感知环境、信息决策、运动指令以及反馈4个要素。

1.感知环境

在完成一项运动技能时会受环境的不同程度影响。韩纹纹和华立君在《影响瑜伽健身效果的环境因素分析》一文中所得出影响运动技能完成的环境可以分为内部环境和外部环境,内部环境即运动员在练习或完成运动时可以运用自己的意念调控自己,使意念与呼吸相互配合,让身心处于一个良好的工作状态,这样可以更好地帮助我们顺利完成运动;外部环境即场地设施器材、当天的天气温度湿度和观众及教练员等,主要通过影响运动者本体感知觉进而影响其运动过程及运动效果,一名优秀的运动员就要有超强的适应能力,在练习运动技能时要及时判断场地设施器材、用客观和主观判断环境温度及湿度,平时可以多参加一些不同级别的体育比赛,不断提高自己的环境适应能力,对教练员来说提前知晓当天的各种客观指标是必不可少的。

2.信息决策

决策是大脑根据决策者的主观意愿及现实情况进行选择行为的过程。决策行为的发生伴随着视觉搜索等基本脑认知功能。运动决策是指运动员通过视觉搜索感知信息,查找情景特征,寻找与运动任务有关的线索,应用基本脑认知功能确定线索并调整注意、进行决策、采取行动,一般分为直觉决策和认知决策。

3.运动指令

运动指令可以分为个体指令和客体指令,个体指令也就是大脑指令。有相关研究认为是感觉神经系统涉及感觉信息的接收和处理。这些信息通过特定的感受器官(眼睛、鼻子、耳朵、嘴巴等)被接收并传至大脑。首先,大脑从皮肤接收关于触摸、压力、疼痛、振动和温度等信息,从而改变和调整自己的技术动作。其次,客体指令,是指教练员和裁判员及观众所发出的指令,学者李琦借助课堂观察和录音,对样本数据进行转写分析,得出以下结论,教师在课堂教学中倾向于使用指导策略来理解检查、翻译和复述的直接指令语;此外,教师倾向于使用语用功能为命令的课堂指令语;在课堂指令语的语速和语调方面,经验型教师会根据不同课堂环节适时调整自己的语速和语调,学生的理解效果也更好。由此可见指令信号的强弱及所发出的对象不同都会在一定程度上影响运动员学习和完成运动技能。

4.反馈

反馈是人们在处理信息的过程中把来自运动器官活动效应的信息在经过感觉器官传导回大脑神经中枢,并对信息地再输出产生影响的过程。反馈在运动生理学的解释是,反馈就是效应器在反应过程中产生信息又传回控制部分,并影响控制部分。运动技能的反馈根据接受反馈信息的感觉方式,可以分为内部反馈和外部反馈;根据反馈信息的来源,可以分为内在性反馈和人为性反馈;根据提供反馈信息的时间,可以分为同时反馈和延缓反馈;根据提供反馈信息的性质,可以分为建设性反馈和非建设性反馈。

(二)运动要素

1.姿势成分

运动姿势可以解释为人体运动时身体架势所呈现的样子。运动技能中的姿势包括很多,站立、蹲姿、躺姿和卧姿,在运动过程中运动员的身体姿势状态会影响动作质量甚至影响其运动成绩。

2.移动成分

移动是指人体在特定方向上位移。攀、爬行、向下中跳、快跑等动作都是移动。目前几乎所有运动项目都需要身体的移动来达到运动项目的内在价值。运动员在完成运动技能时也要不断移动自己的身体,由此取得预期效果。

3. 操作成分

操作成分,这是与姿势成分、移动成分结合在一起,互相协调完成技能的主要成分,产生动作,如在轨迹追踪任务中的手眼协调运动。运动技能的操作包含这些加工过程,但不同类型技能各部分的重要性是不同的,两者对运动技能的学习与控制尤为重要。

二、运动技能的划分维度

运动技能又被称为"动作技能"。指人体运动中掌握和有效地完成专门动作的一种能力。运动技能的种类很多,在应用和描述过程中,经常会根据不同的需要和标准对运动技能进行分类,以便能对其性质和特征有更准确的把握。

(一)开放性与封闭性运动技能

根据运动技能操作中环境背景的稳定性和可预见性将运动技能分为开放性与封闭性运动技能。开放性运动技能要求运动员必须根据外界刺激做出快速决断,快速反应时间至关重要。运动员的动作应集中于结果而不是过程,因此,运动员可以自由选择任何形式的技能来完成特定任务。另外,开放性运动技能还应有很大的创造性和准确性。与此相反,封闭性运动技能允许运动员有相对充足的决策或判断时间,竞争环境稳定、可预测,且规则和评判运动技能的标准也是预定的。更为重要的是,封闭性运动技能强调技能的完美表现。开放性和封闭性运动技能的执行是通过两个不同的神经肌肉系统,分别是闭环神经控制系统和开环神经控制系统。

1. 开放性运动技能

最早提出"开放性运动技能"的是美国运动心理学家鲍尔顿。1957年,他主张把人的运动技能分为开放性技能和闭锁式技能两类。这种分类法的依据是运动技能是否依赖于外界环境的变化而变化,这些环境变化统称为"运动情境"。前者的运用依赖情境的多变性,而后者较少涉及外界情景因素。开放性运动技能是指在不断变化以及不可预见的环境中执行的运动技能,该运动技能导致练习者不能有效地提前计划整个动作,而是需要参照外部环境刺激来调整动作。如开汽车、踢球就是开放性运动技能。因为汽车在行进过程中,外部条件不断变化,司机要根据外部条件的变化不断调整自己的操作。另外,在足球运动中,运动员带球向对方球门飞奔而去,当其接近守门员时,他们通常会做出一个"到底是朝左边还是右边射门"的决定,但最终的决定还要参考对方守门员此时的位置行动。开放性技能对外界变化的情况有处理能力,并对由此所发生的事情有预见能力。开放性技能的成功很大程度上是由个体在不断变化的环境中对计划好的动作行为产生的良好的适应性来决定的。

2. 封闭性运动技能

封闭性运动技能是指在稳定、可以预见或静态的环境中执行的运动技能,练习者能够预先计划自己的动作在稳定的、可预测的环境背景下执行。例如,撑竿跳高属于封闭性技能,因为运动员每次试跳时,外部环境基本保持不变。

由于封闭性技能是相当稳定的,其周围环境也是可预测的,所以对外界的环境依赖程度较低,在大多数情况下靠内部反馈信息控制,如射箭、打保龄球、跳水、体操以及举重等也都属于封闭性技能。这些运动中,较少受外部情境控制,操作者都有充分的时间做好准备,即环境改变是可以预测的或已经通过练习熟练掌握,然后再进行技能操作。

(二)连续性、非连续性、系列性运动技能

根据动作开始和结束的特定位置将运动技能分为连续性动作、非连续性动作和系列性动作三种运动技能。

1. 连续性动作

连续性动作是指那些没有明确的开始与结束的动作,如游泳、滑冰、跑步、跳舞和骑自行车等。这种技能动作开始和结束的位置是任意的,并且动作是不断重复的,完成动作任务的时间也较长(有的甚至会持续一整天)。追踪实验是一个典型的连续性技能,该任务有一个特点,即由一条个体有意跟随的轨迹以及一台人们试图通过肢体行为跟上轨迹的设备来实现。具体来讲就是操作者通过手臂的移动来控制操纵杆、方向盘、手柄或其他一些设备,从而达到跟踪某个移动目标的目的。例如,在开车中,路相当于轨迹,车、操作方向盘相当于那个设备。

2. 非连续性动作

通常将那些具有明显的开始和结束特征的运动技能称为"非连续性动作"。如跳跃、投掷、射箭、投篮、投标枪、举重、按电钮、紧急刹车等都是典型的非连续

性运动技能活动。完成非连续性技能的时间相对短暂(少于5秒),有的仅需要1%秒的时间就能完成(如踢球、眨眼),但有些技能也需要花费一定的时间来完成。

3. 系列性动作

系列性动作是指由一系列不连续动作或一个动作序列构成的技能动作,如开车时换挡、弹奏一段钢琴乐曲以及在键盘上打出一句话等都属于系列性动作。系列性动作既不是非连续性的,又不是连续性的动作,该动作是由一系列个体动作即时连接在一起组成一个"整体"的动作。这些类型的动作位于动作连续体的中心。

(三)粗大运动技能与精细运动技能

根据操作时参与工作的肌肉群大小,将运动技能分为粗大运动技能和精细运动技能。例如,运动中的小球项目与重竞技项目相比,参与工作的肌肉群大小是完全不同的,因此在工作规律和训练方法上有着一定的差异。

1. 粗大运动技能

粗大运动技能指依靠大肌肉群的运动来实现操作目标,且执行动作时要求整个身体都参与。如行走、举重、跳跃、铁饼、标枪等都属于典型的大肌肉群运动。粗大运动技能与精细运动技能相比,要求相对较低的动作精确度,评价也相对较简单。

2. 精细运动技能

精细运动技能指依靠小肌肉群参与动作控制才能实现操作目标的运动技能,一般不需要激烈的大运动,而在狭小的空间内进行手、脚、眼的巧妙协调的动作。如书法、打字、绘画、刺绣、弹钢琴以及射击、射箭就是这类运动技能。尽管有些精细的运动技能中可能包含部分大肌肉群的参与,但只要在实现技能目标过程中,小肌肉群的工作起主导作用,就可以将其称为"精细运动技能"。

尽管人们根据操作时参与工作的肌肉群的大小将运动技能分为粗大运动技能和精细运动技能,但需要清楚的是,肌肉群在参与工作的状况下是一个连续体,即有些运动技能需要大肌肉群和小肌肉群共同参与才能完成动作目标,这时对于这类在分类连续体上标示出相应位置的运动技能,就不能简单地将其分为粗大的或精细的动作。例如,射箭时既需要手腕和手指这些小肌肉群的精确控制,又需要手臂和肩部等这些大肌肉群参与工作。虽然许多小肌肉群运动技能都需要手臂和肩部肌肉的参与,但这些肌肉群并不是完成任务时起决定性作用的肌肉系统,如射手在手臂受限制的情况下,用手腕和手指同样可以实现动作目标。

这种根据参与肌群大小对运动技能进行分类的方法,广泛应用于技能教学、特殊技能教育、某些体育教学和测试环境中。同时,在康复领域中也能见到这种技能分类方法。另外,在工业和军事领域的能力倾向测试中,也广泛采用大、小肌肉群的运动技能这一分类方法。

(四)低策略性技能和高策略性技能

根据执行动作任务时认知因素在操作过程中的重要性而将运动技能划分为低策略性技能和高策略性技能。这种分类主要是从心理因素对动作操作的影响角度进行考虑的,也是为开展这类研究提供服务的。

1. 低策略性技能

动作的完成几乎不需要复杂的认知与决策。例如,田径、射击、游泳等。

2. 高策略性技能

动作的完成需要复杂的认知与决策。例如,快速球类项目、拳击等。

第三节　运动技能特征

运动技能学习是一个复杂的过程,在这个过程中,学习者的动作操作会表现出不同的特征。下面将对运动技能学习过程中的基本特征进行介绍。

一、绩效的进步幅度较小

从动作技能学习的初期到熟练阶段,最显著的变化就是动作操作的绩效逐步提高,并表现为典型的负增长模式,即在运动技能学习的早期,学习者的操作绩效在单位时间内提高很快,但随着练习的进行,学习者单位时间操作绩效则逐渐减小。有学者将这种随着练习次数的增加,练习的效果越来越小的现象用数学方程式进行描述,称为"练习幂定律"。很多研究都证明了这个定律的存在。还有一些学者也通过实验对练习幂定律进行了研究。实验任务是让被试者学习一种"脚踏船"任务,这是一种动态平衡性技能,需要学习者协调躯干和四肢来控制踏板船的移动。该研究发现,通过练习,被试者完成该任务所用的时间越来越短,在练习的前两天进步很快,但在随后的练习中进步幅度逐渐减慢,表现出典型的练习幂定律现象。

二、动作协调性越来越好

动作协调性是指构成技能的各动作之间时机正确、动作方向及速度恰当、平衡稳定且有韵律性。在动作技能学习过程中,协调性的学习是最困难的,它除了受遗传、心理因素影响外,还与学习者自身的力量、柔软性、平衡能力、技术动作纯熟度,以及动作的韵律性等因素有关。

三、新的协调模式趋于稳定

在学习过程中每个人都会形成自己习惯化的行为方式。当人们学习一项新技能时,通常先判断它与人们已经掌握的技能在操作上有哪些相似之处,然后利用已有的、习惯化的动作技能来尝试操作所要学习的新技能。例如,当一个经验丰富的棒球运动员第一次打高尔夫球时,通常会使用一种与棒球击球相似的摆动动作。同样,有经验的网球运动员第一次打羽毛球时,会借用他们熟练的网球技术。

当人们需要改变已有的动作模式来学习新技能时,某些习得的动作模式便会迁移到新的目标动作模式之中。人们要实现新技能的学习,就需要改变这些已有的动作习惯,这种改变需要大量的练习,而实际的练习量因人而异。此外,已有的运动模式向目标模式转化的过程中具有明显的"稳定—不稳定—稳定"的特征。通过大量的练习,已有的运动模式与新获得的目标运动模式就可以通过独特和稳定的动力学特征区分开来。

四、参与肌群的优化与重组

练习除了可以导致动作技能协调模式的变化外,还会使参与动作的相关肌肉群发生变化。从肌电图分析可以看出,在动作技能学习的初期,学习者普遍存在肌肉群使用不当的现象,一方面是使用的肌肉群比目标动作需要的多,另一方面是各肌肉组织激活的时间顺序不合理。但随着练习的进行,参与动作操作的多余肌肉群数量逐渐减少,最终达到正确激活肌肉群,肌肉群被激活的时间顺序也变得更加合理。

当个体学习一项新的动作技能时,肌肉的动作控制系统会进行重组。通过恰当的组织肌肉激活,动作控制系统还可以利用环境的物理特征,如万有引力或其他物理定律,来降低动作控制系统的工作量,这也为顺利完成该技能操作奠定了基础。

五、能耗节省化

练习不仅可以提高动作操作的熟练性,而且能引起自身能量消耗的变化,提高能量消耗的经济性。对于同一项技能操作而言,学习初期往往会消耗更多能量,而学习后期操作往往能量消耗较小。动作技能操作需要消耗两种能量,一种是操作时消耗的生理能量,可以通过动作操作过程中的耗氧量来测量,也可以通过动作操作过程中消耗的热量来评价;另一种是操作过程中的机械能,可以通过个体的工作效率除以代谢率进行计算。

六、注意特征进一步优化

在运动技能学习过程中,学习者的注意特征也发生了变化,主要表现为选择性注意的变化和有意注意的变化。视觉在运动技能学习和控制中发挥着一定的作用。初学者在开始阶段通常会注意很多目标,视觉注意较为分散,无法集中于动作操作相关的重要因素上,但随着练习的进行,学习者会把视觉注意逐步转移到更有利于动作操作的信息上,而且能够在恰当的时机进行视觉注意。这种视觉注意的时机在动作操作过程中非常重要,它可以为个体选择和执行一个所需动作赢得更多的时间。

研究发现,专业守门员启动操作杆时间与脚触球间的时间间隔更短,操纵杆的位置校正次数也较少,眼动数据显示专业守门员对踢球情景的注视次数较少,注视持续时间较短。这些结果表明,专业守门员减少了视觉信息的总量,而从最相关的情境中提取了更多的信息。当踢球者开始接近球到最终触球时，专业运动员的注视点依次从踢球者的头部、非踢球脚、踢球脚到球移动，他们很少注意踢球者的其他身体部位。而新手花费更多时间注视身体躯干、颈和腰部，却花费很少的时间注视踢球者的头部、非踢球脚和球本身。

除选择性注意的变化外，学习者操作动作过程中对有意注意的需求也发生了改变。有意注意是自觉的、有预定目的的，需要一定意志努力的注意，具有指向性和集中性特征。在运动技能学习的早期，学习者有意注意需求相对较大，几乎需要对技能操作的每一环节都给予注意，但随着练习的增多，学习者的操作越来越熟练，在技能操作过程中有意注意的需求逐渐减少，最终达到近乎不需要有意注意的自动化程度。

七、觉察错误与纠错能力的逐步提高

动作技能学习除了提高操作的熟练性外，还可以提高学习者自我觉察错误和纠错的能力。错误的识别可以作为反馈信息用于动作的校正，但能否使用这种能力要受到操作时间的限制，若动作较慢，个体就有足够的时间来识别错误并获得反馈，再与标准参数进行比较，然后做出判断和校正动作，这好比接一个长传球，随着练习的增多和错误觉察反馈的调整，错误将逐步减少，即接球成功率逐步提高。

八、大脑神经可塑性的改善

大脑神经的可塑性是指大脑神经由于阅历经验变化而发生变化的能力，涉及神经自身的重组能力和形成新的神经连接两方面。在个体发育的早期，神经的可塑性表现为神经突触的增生，神经元以新的方式重新连接，以适应新的操作要求。研究发现，人们的大脑神经具有惊人的可塑性，那些先天性失明的盲人能通过声音来感知空间，实现以耳代目，就是因为盲人将正常情况下与眼睛相连的视觉信息处理与空间感知脑区和处理声音信息的脑区建立连接所致。与运动技能学习最密切的大脑结构是纹状体、小脑、前额叶的运动皮质区、运动皮质前区和运动皮质区，这些脑区构成两个不同的皮质—皮质下回路，一个是"皮质—基底节—丘脑皮质"环路，另一个是"皮质—小脑—丘脑皮质"环路。这两个环路的主要区别是一个涉及基底神经节,而另一个涉及小脑。在运动技能学习的初期,"皮质—小脑—丘脑皮质"环路参与较多,运动技能学习的联结阶段,基底神经节,尤其是背腹侧和大脑皮质的下顶叶参与较多,而自动化阶段,动作操作由纹状体和相关的运动皮质区组成的分布式神经系统控制,人类大脑的神经具有可塑性,与运动相关的脑活动及其高级认知加工过程受到长期感知和运动训练的影响。运动员之所以比非运动员反应更精确、更有效率、更加自动化,是由于在长期的运动训练和比赛中,运动员大脑的可塑性和适应性的变化导致大脑神经加工效率提高(徐立彬,李安民,2013)。任务操作的熟练水平对大脑可塑性具有显著性影响,与熟练程度相关的运动或任务,能够增加损伤脑皮质区的血流量,增加神经的可塑性和损伤后急性期的恢复。

九、不变操作特征的内化

在动作技能学习过程中除了具备上述的各种变化特征外,还有部分保持不变的特征。学习者在动作操作过程中需要依赖特定的感官提供信息反馈,在整个学习过程中学习者所依赖的感觉反馈信息源保持不变,也就是说,如果在学习开始阶段使用的是视觉反馈,那么在操作熟练的后期,学习者仍以同样的方式继续使用视觉反馈。有学者对这种反馈信息的依赖性进行了实验研究,结果表明,练习并没有减少被试对视觉反馈信息的依赖,而是增强了对视觉信息反馈的依赖。在学习后期,个体的操作水平不断提高,但对特定感觉信息反馈源的依赖性不降反增,可能是特定感官的信息反馈已经内化成为大脑中动作表征的组成部分,当个体在缺失这种感觉反馈信息的情况下操作技能时,操作环境中可利用的感觉信息与记忆中的感觉信息不一致,使得从记忆中提取的动作表征不是最佳的动作表征,从而导致操作绩效降低。

运动认知与记忆

在竞技体育运动领域一直有个令人困惑的问题，一名高水平运动员在不同环境、不同对手、不同困境的情况下，都能较好地把握时机，卓有成效地发挥自己所掌握的技术、战术水平，取得预期的效果。原因是什么？一般认为，这些运动员既具有较合理的自我知识结构，又具有较强的自我调控能力，这些特点来自他们的认知资源释放和已有的专业知识，这些知识储备是他们知觉预判能力的基础，从而也为研究者进一步评价和训练高水平运动员认知心理优势提供了行为指标。

第一节　信息加工

信息加工指将获取的原始信息按照应用需求对其进行判别、筛选、分类、排序、分析、研究、整理、编制和存储等处理的一系列过程，使收集到的信息成为人们需要的有用的信息。

一、信息加工的基本过程

（一）信息加工的概念

从机能上，即从行为水平上将人脑与计算机进行类比，把人脑看作类似于计算机的信息加工系统。认为人的认知过程就是对信息的加工过程，力图建立心理活动的计算机模型；涉及人如何注意、选择和接收信息，如何对信息进行编码、内在化和组织,以及如何利用这些信息做出决策和指导自己的行为。认知心理学家利用计算机科学、语言学和信息论的有关概念,阐明人的认知过程及其适应行为,推动心理学各个领域的理论和实验研究的发展,特别是在知觉、记忆、语言和问题解决的研究中,取得迅速发展。加工系统这个概念,是随着计算机的发展而出现的。信息加工理论不仅把计算机看作一个信息加工系统,而且也把人脑看作一个类似于计算机的信息加工系统,它认为,个体的认知过程,就是个体对外部的或内部的信息的加工过程。

(二)信息加工的方式

1. 自下而上的加工与自上而下的加工

自下而上的加工或数据驱动加工是人脑对信息的加工处理直接依赖刺激的特性或外部输入的感觉信息。自上而下的加工或概念驱动加工是人脑对信息的加工处理依赖个体已有的知识结构时,所有的认知活动实际上都包含着这两种加工的相互作用。

2. 系列加工与平行加工

系列加工是个体对输入的信息依次一个一个地加以处理。平行加工是个体同时对所有输入的信息进行处理。不同技能水平的运动员加工方式存在一定的差异。优秀运动员在加工过程中可能更多地采用平行(组块能力)加工的方式,而低水平运动员则更多地采用系列加工的方式。

3. 控制性加工和自动化加工

控制性加工指需要意志努力的认知加工。自动化加工是不自觉的,不需要注意,有目的的加工,没有容量限制,而且一旦形成就很难予以改变。在动作技能学习的早期,需要的是控制性加工;而在动作技能学习的后期,经过反复的动作练习后,学生的动作技能学习已达到完善的程度,属于自动加工运动。

二、信息加工过程各阶段及特点

(一)刺激识别阶段

刺激识别是指对刺激的知觉过程。在刺激识别阶段,个体主要是通过视觉、听觉、嗅觉、触觉等感觉器官对外部环境输入的信息进行分析,并将有用的信息进行综合,以便为接下来的信息加工做好准备。刺激识别阶段开始于对所呈现的环境刺激的觉察,然后,这些刺激信息必须进行模式识别的再认,也就是刺激探测和模式识别。

1. 刺激探测

借助于不同的感觉器官,个体会将接收到的外部环境刺激转化为神经冲动信号,神经冲动通过传入神经传至大脑中枢,大脑中枢则在不同分析水平上对其进一步加工。加工的结果是与刺激相关的某些记忆被激活了,如想起某位熟悉运动员的名字以及他在运动场上的一些精彩表现。

影响刺激识别的变量与所呈现的刺激特点有关。其中,刺激清晰度与刺激强度是影响信息加工时间的两个重要因素。一般而言,随着刺激清晰度或刺激强度的增加,总的反应时将减少。例如,军队士兵在野外作战,常常根据季节与当地地形特点穿着不同色彩与图案组成的迷彩服,其目的就是便于伪装,使敌人难于捕捉目标。另外,刺激识别阶段信息加工速度与所受刺激的感觉器官有关,个体对视觉刺激的反应时比听觉或触觉的反应时要长。此外,个体同时有多种感觉器官接受刺激(如视觉+听觉)比以一种感觉器官接受刺激时(如只有听觉或只有视觉),反应时更短,这种现象被称为"多感官促进"。

不同水平的运动员在专项情境中的刺激辨别存在水平差异(王树明,2005;王洪彪,2011)。与初学者相比,优秀运动员并不是在所有的三个信息加工阶段都表现出较快的加工速度,专业运动员具有快速的刺激辨别速度,但在反应选择阶段没有显著的加工速度差异,而与中等水平和初学者相比,高水平运动员具有快速的应答编程速度。

2. 模式识别

模式识别是指对刺激模式的觉察、分辨和确认,它是介于感觉登记和短时记忆之间的一个过程。

学习能够影响个体的模式识别能力。例如,国际象棋专家和新手观察一盘象棋残局,5秒后重新复盘,国际象棋大师看一眼能复现20多个棋子及其位置,新手只能复现4~5个棋子及其位置。随后还有学者在研究中将棋子随机摆放在棋盘上,结果发现象棋专家与一般棋手复盘的能力几乎相同。这说明,象棋专家的优势并不在于他有更为良好的记忆力,而是多年的训练与比赛经验帮助他们在头脑中"存储"了大量的棋谱,使他们能感知较大的有意义的刺激模式,从而加快了他们对"对弈棋盘模式"的识别速度(皮连生,2011)。这种静态情境的分析对于很多活动都是很重要的,但从动作行为角度来看,更重要的是从环境中提取运动模式的能力。在很多情况下,选取哪种动作最恰当要根据环境变化而定。

(二)反应选择阶段

反应选择是指根据刺激识别的结果选择对应的反应。在这个阶段,个体要进行决策,对已成功地进行过辨别的刺激,应做出什么样的反应? 例如,棒球外野手必须迅速做出决定,是在对手击出的球弹起来之前还是之后将它截住? 为了截住对手击出的球,应该向哪个方向移动? 成功截住对手击出的球后,自己接下来该怎么做? 决策在体育运动中非常重要。影响反应选择的因素有下列两方面。

1.刺激的复杂程度

刺激的复杂程度可以从两方面来分析:①刺激选择数目越多,越复杂;②刺激相似程度越低,则越复杂。显然,刺激越复杂,反应时间必然越长。从可供选择的刺激数目上看,选择的数目越多,反应时间必然越长。在体育比赛中,通过增加对手需要处理的刺激—反应选择数量,可以延长对手动作信息处理的时间,增加对手做出反应的难度。例如,在垒球比赛中,投手通过增加不同的投球方式来增加对方击球手击球动作的选择数量;在许多对抗性运动项目比赛中,运动员通过增加自己虚假动作的数量,可以迷惑对手,使其难以迅速做出正确的选择。为了在体育比赛中能提前预测对手的真正意图,运动员平时要进行大量的有针对性的训练。这样,有助于他们在赛场上有效、快速,甚至自动地处理各种突发情况。

2.刺激—反应兼容性

刺激—反应兼容性是指当一定的刺激和反应匹配会产生较好、较快的结果时,这样的刺激—反应匹配就具有了兼容性。刺激—反应兼容性越高,信息加工的效率越好,达到一定学习标准所需学习遍数越少、测试中的反应时越快而错误率越小。

(1)群体刻板印象。群体刻板印象是刺激—反应兼容性中的一类,即刺激—反应的匹配关系与某一群体由于风俗习惯、文化传统而形成的对这一关系的期望相一致时产生的兼容性。它受经验与练习的影响。例如,有的国家的人开灯习惯于将开关向下拉;而另外一些国家的人开灯则习惯于将开关往上提。在车辆靠右行驶的国家乘坐小轿车,除司机外,其他乘车人习惯于从右侧的车门上车;而在车辆靠左行驶的国家乘坐小轿车,除司机外,其他乘车人习惯于从左侧的车门上车(刘艳芳,张侃,1997)。

(2)空间和结构关系。刺激—反应兼容性是由于刺激与反应间的空间相似造成的。例如,对于右边位置的刺激,用右手进行反应,对于左边位置的刺激,用左手进行反应,刺激与反应是兼容的;相反,如果信号刺激在左边,用右手进行反应,信号刺激在右边,用左手进行反应,那么,刺激与反应是不兼容的。在空间相容状态下比空间不相容状态下的操作要快。一般来说,双手交叉操作比不交叉操作的总反应时要长。

(3)刺激与反应强度。刺激与反应强度是刺激—反应兼容性的另一种类型。一些学者研究指出,当要求被试根据视觉刺激的强弱对按键施以不同力度,刺激—反应兼容情况下(低刺激强度对应弱的拇指运动,强刺激强度对应强的拇指运动)的反应时比不相容条件下快 50 ~ 75 毫秒(低刺激强度对应强的拇指运动,强刺激强度对应弱的拇指运动)。

(4)兼容性和复杂动作。当人们需要对复杂动作进行反应时,刺激—反应兼容性和应选择问题与动作的目的有关。例如,用一只手翻起一个倒扣的玻璃杯,用另一只手将水倒入杯中。实验表明,服务员初始手的位置都是倒置的,这样杯子翻正时手处于正常的持杯位置,为倒水做准备。服务员开始阶段选择的笨拙方式是为了方便后面将水灌入杯中。在这种情况下,刺激(玻璃杯)和服务员反应(初始手的姿势)间的兼容性并不是根据开始时相互影响确定的,而是根据最终预期位置的效率决定的。此外,有研究发现,选择最有效的运动完成策略比选择有效的动作启动策略要快,尤其是最终位置有严格的精度要求时。对于较复杂的动作,刺激—反应兼容性影响反应选择阶段的动作执行。

(三)反应组织阶段

刺激识别和反应方式一旦选择之后,便进入动作的组织和发动阶段。选择反应后的任务是将这个抽象想法转化为一系列的肌肉动作程序来实现反应,这一过程即为反应组织阶段。但反应组织阶段与前几个加工阶段一样,会发生十分复杂的变化。首先,要从操作者的记忆中调出某类一般动作程序;其次,根据具体的情境特点和动作要求,对每一个可变参数进行赋值,以执行动作编好程序;最后,准备激活程序,开始运动。反应组织阶段是信息加工的最后阶段,此时要求个体对环境做出应答。

三、信息加工各阶段的组成要素

(一)感知信息

感知是运动员对外界信息进行选择和取舍的过程。在这一过程中,运动员需要根据自己训练的需要和目标来决定训练内容和方法,并对各种刺激因素进行分析。这种分析过程也是在信息选择的基础上做出的,因此感知是运动员在训练时对外界信息进行选择和取舍的过程,其结果即为运动员获取信息时所使用的手段、方法或途径。信息处理过程中,最关键的环节就是运动员感知的过程。运动员对信息的感知是在感觉器官和神经系统的功能上进行。感觉器官包括视觉、听觉和触觉等。这些器官接受刺激信号后,根据大脑对信号的分析,做出反应。感知过程中,要注意以下三个方面:①注意对信息内容和作用的理解;②注意将这些内容与运动员运动技能训练目标联系起来进行分析,把它转化为能理解和接受的形式;③注意信息处理结果与认知结构之间的联系,即要把所获取的信息与已有认知结构之间进行相互比较和联系。

(二)记忆信息

运动员的信息处理过程是在记忆中进行的,而记忆也可分为两种,一种是外部记忆,另一种是内部记忆。外部记忆包括肌肉感觉性记忆和运动性知识记忆。一般情况下,运动员的运动技能在练习中通过反复训练而逐渐提高,从而形成比较稳定的外部记忆。外部记忆是一种对已有知识(技能)的再认过程。内部记忆是在完成某种动作之后,在运动中所形成的稳定、鲜明的知识和技能的积累,如动作要领、操作方法等。运动员只有形成稳定的内部记忆(技能)才能保证运动技能的训练效果。当运动员完成某一种特定运动项目之后,必须将所掌握的这些内容在头脑中留下痕迹,才能进行后续训练和准备比赛,这就是外部再认过程、内部再认过程。运动员通过外部记忆(再认)而形成的训练内容就是他们所掌握的已有知识或技能,这种知识或技能称为运动表象。运动员在比赛中能准确地表现出某种技术动作、技能和战术,其实质就是运动员在比赛中建立起了稳定而鲜明的运动表象（这就是内部再认过程）。因此,运动员的再认过程不仅包括外部记忆,而且还具有内部再认的特点。由于运动表象是由已有知识和技能转化而成,因此在运动中,只有当运动员掌握了一项新的运动技能后,才能使这种新学到的知识和技术真正成为他们自己的技术与战术。运动员必须在比赛前有计划地对自己所掌握的技能进行再认,只有这样才能在比赛中将这些技能运用自如。因此,他们必须经过长时间练习和反复学习才能获得新知识与新技术。运动员经过练习与反复学习,掌握了一定数量、质量和熟练程度的外部记忆后,就可以形成稳定而鲜明的内部再认（运动表象）。

（三）信息的选择

运动员进行各种运动训练时,需要选择并提取有效的信息,即选择信息。一方面,他们会根据动作标准的需要把相关的信息组合起来,形成一个完整的动作过程;另一方面,根据对当前条件进行分析和判断后决定怎样来组合这些信息。例如,运动员投掷链球之前,要对投掷者进行观察并判断其投掷动作是否标准。在这一阶段中,他们选择所需的信息包括以下四点:①要达到的目标;②各种可能使用到的技术和方法;③所用仪器和器材等;④技术动作步骤、顺序和方式。当运动员对上述信息进行分析和判断后,就可以进行训练了。

（四）信息的储存

在这个阶段,运动员通过思维来将各种信息加以记忆、储存和再认,以形成其能理解的形式。这一阶段的特点是运动员能够用语言来表达他对于新信息的理解;运动员能够通过思考和回忆来对新信息进行再认;运动员能够用多种方式对新信息进行记忆,以形成自己所要掌握的技能。运动员在这一阶段对新信息能作出反应,就是在这种情况下产生的。信息的储存阶段完成以后,运动员对新信息的识别过程就结束了。运动员要想达到较高阶段上的运动能力,还必须进行思维训练,在不断积累经验,形成思维方式的基础上才能达到较高水平。运动员在实践中积累经验是获得良好运动能力的必要条件。要想获得良好运动能力,就必须经过长期训练才能做到。在训练中,只有通过不断的练习,才能掌握所要学习的内容和技巧;只有通过反复练习才能使大脑和肌肉之间逐渐变得熟悉起来。训练和教学中必须注意以下五点:①遵循循序渐进的原则;②掌握一定的方法;③注意对运动员身体条件和心理特征的研究;④注意训练中环境条件等外部因素;⑤采用多种方法调动运动员学习的积极性。

(五)新信息的吸收和消化

运动员所掌握的信息只有经过思维加工才能被记住,这种被记住了的信息并不一定是运动员真正所理解的。在这种情况下,运动员必须不断地对已学到的知识进行巩固、加深和记忆。如果学习过的某些事物不能让运动员再记住,则运动员就会对新掌握的事物产生怀疑或排斥心理,因而难以完成学习任务。因此,在运动员信息加工阶段中进行必要的思维加工是非常重要和必要的。运动员的思维加工,主要是对已学过的知识进行消化和理解。例如,学习自行车技术时,运动员需要在理解的基础上记忆技术动作要领,这样才能达到练习所要求的成绩。

第二节 运动记忆

运动技能学习的过程是一个集后储存记忆过程。运动员学到新的运动,希望能记住所学的内容,并在今后可以将所学的内容在比赛中运用出来。

一、运动记忆

(一)记忆

记忆是在大脑中积累和保存个体经验的心理过程。信息加工的观点认为,记忆是一种积极的、能动的心理活动,是人脑对外界输入信息的编码(或称为"习得")、存储(或称为"保存")和提取的过程。

(二)运动记忆分类

根据记忆时间的长短,可以将运动记忆分为瞬时记忆、短时记忆和长时记忆。

1. 瞬时记忆

瞬时记忆又称为"感觉登记"或"感觉记忆"。外界信息首先经过眼、耳等感觉器官进入瞬时记忆,信息按照感觉输入的原样在这里登记下来。它具有以下三个特点:①鲜明的形象性;②信息保持的时间十分短暂;③记忆容量较大,几乎进入感觉器官的刺激信息都能被登记。储存在瞬时记忆中的材料,只有经过选择性地加以注意的那些信息才能得到识别,并转入短时记忆,其余的信息则很快消失。至于哪些信息被留下,哪些信息被过滤掉,这既依赖客观事物本身的特点,又依赖个体的主观心理因素。

2. 短时记忆

短时记忆是指信息在大脑中的储存、保持时间不超过 1 分钟的记忆。它被视为信息通往长时记忆的中间环节或过渡阶段,是记忆对信息加工的核心之一。

3. 长时记忆

长时记忆是指信息在人脑中存储 1 分钟以上,几天、几月、几年,乃至终身的记忆。复述或练习可以使记忆长期储存。长时记忆的信息采用双编码(表象编码与语义编码)的方式,它的容量没有限制。人对动作的长时记忆比对语词概念的长时记忆更持久。长时记忆能使人们轻易做出以前习得的运动技能。练习可以使运动更熟练和更持久地保持,而且在多年以后这些记忆还能很好地提取出来。长时记忆和短时记忆的另一个主要区别是可以保存的信息数量。多数研究者认为短时记忆只有大约 7 个组块的容量,而长时记忆则有非常大的容量。

(三)促进运动记忆的有效策略

1. 运动水平

运动水平的高低直接影响到知觉预判的策略、速度和准确性。通过对羽毛球项目的研究发现,运动员存在明显的预判现象;运动员预判能力与其运动水平成正比;预判准确率是运动员运动水平的有效评价指标。专业运动员与新手由于拥有的专长知识不同,导致他们在知识的表征和回忆与再认上有所差别。

2. 信息利用

目前,信息利用的研究主要集中在先行信息利用和不完整信息利用两方面。运动中的知觉预判依赖比赛情境中外部信息等背景知识。虽然它们的数量有限,甚至还有许多无关刺激的干扰,但是有些信息却能预示比赛中技战术发展的趋势,为运动员的预判提供依据,因此有效的信息利用备受关注。

3. 搜索策略

搜索策略是指视觉搜索时信息获取的原则与方法。运动员只有形成经济有效的搜索策略,才能在紧张激烈的竞赛中快速获得和利用关键信息,进而准确完成预判。目前有关运动搜索策略较一致的观点有以下三种:①信息获取方式上,专家在关键信息的提取上好于新手,获取方式更为恰当;②搜索的组织原则上,专家视觉搜索时注视时间短、注视次数少,眼动轨迹相对集中,说明运动专家视觉搜索具有简约、有效的特点;③视区利用上,专家的优势可能表现在中央视觉和外周视觉的综合使用上,而并非只表现在中央视觉方面(赵洪朋,周成林,2010)。

4. 心理预期

在比赛过程中,如果运动员预期对手会使用某一项战术,那么运动员就有可能出现这样的预判。在该项战术出现前的先兆信息量比较少的情况下,如在预判准确性概率只有40%的情况下,判定对手会使用该项战术。这样的心理预期可能导致预判速度提高,而预判准确性降低。

除上述因素外,影响运动员运动记忆的主要因素还有运动物体的速度与方向、目标位置、肢体运动类型及肢体运动范围、反馈信息以及运动员的专门化运动知觉、注意分配能力、操作思维能力、认知风格和年龄与性别等(侯玉鹭,2010;张敏,胡咏梅,2013)。

二、运动记忆过程

(一)编码

信息编码是把信息编入记忆中的过程。例如,记忆中听觉、视觉或语义编码,就是指材料按照其声音、视觉特点或是含义,分别编入记忆中。输入大脑中的信息只有经过编码才能被记住。如运动员第一次获得世界冠军、登上领奖台时的激动心情与情景,往往会使他终生难忘。

(二) 存储

信息存储是把在信息编码阶段已加工处理的信息,如感知过的事物、体验过的情感、练习过的动作、思考过的问题等,以一定的形式保持在记忆系统中的过程。存储在大脑中的知识可以是事物的图像(具体的),也可以是一系列概念或命题(抽象的)。存储是信息编码和提取的中间环节,它在记忆过程中起着非常重要的作用,没有信息的存储阶段,也就不可能有记忆。对刺激信息保持的质与量情况往往是衡量记忆绩效的重要指标。

(三) 提取

信息提取是指在一定的情境下,从记忆系统中查找出已存储的信息,重现出来,并运用在特定地方与情境之中的过程。个体记忆力如何,往往是通过对已存储信息的顺利提取而表现出来的。若个体在记忆过程中获得成功,即表明以上所有三个阶段是完整的。输入的刺激信息已经被编码,重要信息已被存储和被提取;若个体在记忆过程中遭受失败,则表明以上三个阶段中的一个或几个阶段可能出现了问题。

第三节　高水平运动员的认知与决策

一、认知能力的基本概念

认知能力是指大脑认识加工、储存和处理信息的能力,是大脑的主要功能之一。认知能力主要包括知觉、注意、记忆、思维、表象、学习、解决问题等子功能,根据信息加工流程,接收信息、加工处理、输出信息。人们认识客观世界,获得各种各样的知识,主要都依赖人的认识能力。例如,当遇到同一件相同的事情时,针对不同的人去解决问题,解决方法会有所不同,甚至造成不同的结果,这都是由于人在接收信息时,对信息的处理、决策、判断以及记忆的不同造成的。

总而言之,认知就是我们的思维模式,有怎样的思维模式,就会有怎样的行为,从而造成怎样的结果。

二、运动认知能力的基本概念

运动认知能力是指与体育运动有关的认知活动,其中包括体育运动中的知觉、记忆、预测、决策和信息加工处理能力。根据调查研究发现,运动员的认知能力相比一般人更胜一筹。在相对运动场景中设置认知任务,运动员相比起一般人拥有更加冷静独断的信息处理能力和果敢的决策能力,抗压能力相比普通人也略胜。总而言之,专业的运动员比新手更加准确,这些都归因于运动员接受的系统的训练。

在网球比赛的对攻中,特别是双打比赛,运动员需要牢记运用多种技战术,特别是与队友两个人之间的特别暗号,这能让运动员在比赛中更好地配合协作,完成战术。这就需要运动员有较强的记忆能力。

运动记忆是形象记忆的一种形式,是认知加工过程的主要表现形式。长时间的技能学习中,所涉及的肌肉在量的积累之下,逐步形成肌肉记忆,肌肉记忆是一种表现形式,有时不受意识的控制,能自觉地做出动作。记忆分为瞬时、短时、长时记忆。在运动技能的学习中,主要是与长时记忆有着较大的关系。部分运动技能被放至长时记忆系统中,对于专业的网球运动员来说,他们不会忘记各网球技术动作,即使有些时候会忘记技术的名称,但也会依靠肌肉记忆来完成该项技术动作。程序记忆是长时记忆的一个体系,是关于动作技巧的记忆,隐藏于潜意识中,储存与运动技能有关的特定信息。网球运动员在技能练习的过程中,习得的运动技能会通过程序记忆显现出来,在比赛中面对着临场情况,运动员会运用程序记忆进行技能的实施。如在快速上网时,运动员在网前可以选择打左右两边的斜线球,也可以挑高球,从而发挥正常的运动技能。短时记忆也叫作工作记忆,工作记忆与运动表现有关,在竞技体育中工作记忆通过影响个体的决策质量进而影响竞技效果。低工作记忆容量的运动员与高工作记忆容量的运动员相比,做出正确决策的概率相对较低。

形 成 篇

　　无论是为优秀运动员提供服务与指导，还是为存在运动障碍的患者进行恢复治疗，我们都需要对运动学习和形成的概念以及应用原则有深刻的理解。通过对体育运动技能形成理论研究，我们可以掌握运动技能的学习、发展规律，帮助我们学习掌握在体育教学情境和运动训练竞赛情境中与技能控制和技能学习有关的心理学知识和方法，培养我们的爱国热情和民族自豪感。

运动遗忘与预判

遗忘是对识记过的材料不能再认与回忆,或者错误地再认与回忆,是一种记忆的丧失。遗忘分为暂时性遗忘和永久性遗忘,前者指在适宜条件下还可能恢复记忆的遗忘;后者指不经重新学习就不可能恢复记忆的遗忘。

第一节　遗忘原因

运动技能在训练学上是指人体在运动中掌握和有效地完成专门动作的能力,在运动生理学上是指准确的时间和空间内大脑精确支配肌肉收缩的能力。运动技能的遗忘是人体在接收到运动技能动作信号的时候给予人体大脑以及神经的反馈,在神经的支配下有的动作不能再传输到大脑而导致大脑无法接收到信号所以动作不能再现。遗忘的生理机制分为两种:①神经元受到刺激后兴奋度不足,记忆不能被激活;②神经树突遭到生理性破坏,或自然萎缩变形。第一种情况下并没有真正遗忘,如果神经元的兴奋度被恢复了,记忆就回来了;但第二种是永久失忆。

一、痕迹衰退说

痕迹衰退说的理论主要强调生理活动过程对记忆痕迹的影响,认为遗忘是由于记忆痕迹得不到强化而逐渐减弱,以致最后消退的结果。

二、干扰说

干扰说的理论认为,遗忘是由于所识记的先后材料之间的相互干扰造成的。前摄抑制和倒摄抑制是支持干扰说的有力例证。

三、运动性疲劳产生的可能性

运动性疲劳认为在运动时能源物资的耗尽与疲劳程度有直接的关系,能源物资耗尽程度取决于肌肉活动的类型和范围以及代谢的原因特点,由于运动时能源物资耗尽,所以运动技能产生过度疲劳会造成动作遗忘,包括运动技能过后的代谢物堆积,使得肌肉组织中有大量的乳酸堵塞,依然是导致运动技能产生遗忘的可能原因。

四、识记技能动作后经历的时间较长

识记技能动作后经历的时间越长,能被记住的效果越差,这与识记材料的性质与数量熟练的动作也有着紧密的联系,在学习程度相等情况下,识记学习的运动技能动作材料越多,遗忘得越快,还有联系者的态度、对运动技能动作材料的需要、兴趣等,对遗忘的快慢也有影响。研究发现,人们对不重要的、不引起人们兴趣的、不符合人的需要的技能动作容易出现遗忘。

第二节　促进运动记忆有效性的策略

本节以增强动作的意义,讲解示范后立即进行动作练习,运用组块化学习策略、合理组织学习材料,动作练习要达到过度学习程度,选择实际动作的最佳时间、避免前摄抑制和倒摄抑制,掌握遗忘规律、正确及时地复习等策略来促进运动记忆的有效性保持。

一、增强动作的意义

保证动作学习者形成清晰的运动表象,表象是指在知觉的基础上,头脑中所呈现出来的事物形象。以羽毛球为例,当学生回想去发球和扣杀等动作时,脑海中就浮现出相应的画面,犹如看到老师示范的时候一样。运动表象是由视觉表象和动觉表象结合一起构成的,运动表象反映着动作在一定时间、空间、力量上的特点。只有在清晰、稳定、准确的运动表象基础上才能形成正确的运动记忆。在运动者头脑中的"蓝图"下完成动作,一遍遍地加强运动记忆,同时也促进运动表象的完善和精确,并将它牢固地储存下来。再者,提供有意义的语言标签,视觉现象是运动表象的重要组成部分,它和语言标签一样,都有助于复杂的运动技能学习。①视觉表象和语言标签降低了所操作动作语言指令以及彼此之间关系的复杂性。②视觉表象和语言标签有助于把一个抽象的复杂动作排列转化为一个更具体、更有意义的成套动作。③视觉表象和语言标签引导了操作者的注意力,使其专注于动作的结果,而不是动作本身,这有助于技能的操作。④通过加快行为记忆描述信息的提取,视觉表象和语言标签在一定程度上促进了运动规划的过程。例如,在羽毛球的课程中,合理地讲解配上动作可以更好地达到教学目的,让学习者更好地理解。因此,用以上方法来增强动作的意义可以促进运动记忆。

二、讲解示范后立即进行动作练习

因为间隔时间过长,视觉表象会发生动摇或模糊,以此为线索进行模仿联系难以保证准确性,容易出现错误,从而影响运动表象的正确形成。同时校正对于运动表象的正确形成也是必不可少的,在学习者完成动作 25~30 秒之后,需要教学者及时向学习者反馈信息,更正之前视觉现象模糊带来的错误,更好地开展后续的教学与训练。

三、运用组块化学习策略,合理组织学习材料

信息加工方面,运用组块化的学习策略,合理组织学习资料对于运动记忆也

有促进作用。信息加工是信息利用的基础,也是使信息成为有用资源的重要条件。最初收集到的信息是一种初始的、零乱的、孤立的信息,只有对这些信息进行分类和排序,才能有效地使用。通过信息加工创造出的新信息,让信息具有更高的使用价值,对材料进行组块化可以很好地使输入信息有效地进入长期记忆。因此,对学习材料的组块化是一种降低工作记忆负荷并提高记忆力的有效策略。

四、动作练习要达到过度学习程度

所谓的过度学习,是指在刚刚记住和学会的基础上,继续把某种知识和技能学习到接近学习者最高潜能的程度。过度学习可以让学习者将动作形象牢固地储存在动作记忆之中。例如,羽毛球的发球动作,如果要发球不失误需要练习100次,那么,达到过度练习程度就还需要进行50次,一共150次。但是过度不代表过剩,没有节制地重复练习内容,可能会产生分散、厌倦、疲劳等消极影响,从而降低识记和保持的效果,所以重复练习中应该保证质量,避免错误。

五、选择实际动作的最佳时间,避免前摄抑制和倒摄抑制

在学习过程中,当两种学习材料之间存在一定的相似性,而初学者又很难将它们之间的差别辨别出来时,对它们的学习往往会产生一种相互干扰作用,表现为前摄抑制与倒摄抑制,如羽毛球和乒乓球之间。为了有效地避免前摄抑制与倒摄抑制应做到以下四点:①识记新动作应在精力充沛、注意力集中、情绪高涨、兴趣浓厚的条件下进行,并以安排在课上或训练的基本部分前阶段为宜;②识记新动作后,马上从事另一种活动是不适宜的,因为在这种情况下,新的信息会代替旧的信息并且使留在记忆中的信息成倍地减少;③在同一次课上先后识记的两种材料,应当按照先难后易的原则加以安排,即先学习新授的、难度较大的动作技能,然后复习已初步掌握的动作技能更为适宜;④教学与训练计划中应注意教学内容难易程度的搭配,尽可能避免同一次课或训练上讲授动作结构相似的两种新的动作技能,以免产生动作之间的相互干扰。

六、掌握遗忘规律,正确及时地复习

随着时间的流逝,学习者对于短时记忆的识别就会减弱,同时视觉表象也会变得模糊。例如,羽毛球学习者在经过一学期的学习之后,如果不经常复习或进行羽毛球运动,相应的知识变得模糊,发球、击球等动作便会变得生疏。为了更好地巩固动作记忆,防止消退,必须加强复习。在体育教学与运动训练中,不仅需要大脑积极思维,而且人体肌肉的活动和身体的运动还需要消耗一定的能量,同时要各种感知觉协调配合。这些特点决定了动作技能的学习和手段与知识的不一样。对于动作技能的复习也不是"越早复习越好",应该把握规律,在动作2~3天内有组织地指导学习者练习,提高动觉控制能力。同时,对于复习的方法应该多样化,要激发学习者的兴趣。在学习动作技能的不同时期,复习的作用和目的也不相同,应该制订与其相适应的合理的复习计划。

第五章

运动技能的准备与安排

在足球比赛中,罚点球时守门员的动作准备相当重要,运动员会根据自己的直觉选择扑救方向,所以经常看到判断出现错误的情景。网球运动员在接发球时会不停地晃动身体,以适应回球动作。我们经常听到运动员在分析失败的原因时会说"对比赛的准备不充分",这说明运动前的准备对操作的重要性。其实,运动技能的练习也是一样,做好练习前的准备,能够提高练习的效果。假如现在要给一个班级教授一项新的运动技能,如排球或急行跳远等,你会如何备课呢?首先,应该思考如何激发学生的学习动机,让学生都能积极参与到技能教学中来;其次,可能要考虑如何去给学生讲解运动,通过示范,让学生了解技术的关键;再次,还要考虑学生应该如何练习,安排好技能的训练与休息。本章主要介绍运动技能练习的一些准备以及需要注意的问题。

第一节　练习前的准备

在指导学生进行技能练习前,做好练习前的准备至关重要。要达到什么样的练习目标,以及学生有怎样的学习动机,这是运动技能练习前必须认真思考和准备的,它将直接影响到运动技能学习的效果。

一、练习动机的激发

动机是推动人从事某种活动,并朝一个方向前进的内部动力,是为实现一定目的而行动的原因。动机是个体的内在过程,行为是这种内在过程的表现。在指导学生进行技能练习前,做好练习前的准备至关重要。要达到什么样的练习目标以及具备怎样的学习动机,这是动作技能练习前必须思考和认真准备的,它将直接影响到动作技能学习的效果。学习动机能将学生的行为引向一定的学习目标,并可以避免、摒除那些与动机和实际目标不利的行为,直到既定目标的实现。练习是学习过程中最重要的因素,而动机又是参与练习的重要决定因素,所以动机对学习很重要。如果学生感到任务无意义或不满意,那么对任务的学习可能会很有限。如果动机水平太低,个体可能根本没有足够的动力去练习,也会降低练习效果,因此较强的动机是有效学习的必要条件。学习与动机水平间存在非常复杂的相关关系。正因为学习动机有如此重要的功能,所以,它不但是影响技能练习效率的重要变量,也是学校教育的重要目标之一。

(一)激发兴趣

1.技能学习的重要性

练习好一项技能的重要条件就是调动学生的学习兴趣。在练习开始前,学生对技能不熟悉,也不了解,兴趣处于较低状态。这时先要告诉学生为什么要学习这项技能及其学习这项技能的重要性,同时,指出所学技能的未来用途,这样会使学生的学习目的与方向更加明确。

2.集中注意

集中注意是激发兴趣的有效途径。观看高水平运动员的比赛录像有助于培养学习这一项目的动机,能引起学生的注意与兴趣,从而提高练习效果。人们对一项运动的认识是一个过程,如在没有看到专业的乒乓球赛事之前,有些人可能一直认为乒乓球运动只是公园一角帮助人们强身健体的一项运动,直至他们观看了一场高水平赛事之后,对乒乓球运动的认识才有所改变。观看运动员在世界级比赛中的精彩表现以及迸发的激情可以有效地激发学生学习技能的动机。这些激励方法虽然很简单,但它对练习者学习新技能以及如何学好新技能将产生重要影响。

(二)目标设置

另一个经常用于激发练习动机的方法是目标设置。人类的活动是有目的的,合理的目标可以增强练习者的努力程度,增强练习者的自信心,从而提高练习效果。

首先,目标不仅指技能最终要达到的状态,而且包含阶段性的要达到的技能水平,也就是说目标有长期和短期之分。运动技能是逐步提高的,因此阶段性的短期能达到的目标具有更强的激励作用。其次,合理的目标应该是具体的、明确的和可测量的。在日常训练中,教练通常使用最多的目标是"尽力去做",如"做100%的努力"。设置具体的目标能让练习者把注意力集中在活动上,有助于调整努力的方向,在努力达到目标的过程中始终保持警惕性,可以作为与成绩进行比较的效标。再次,合理的目标应该是有一定难度同时又是可以通过努力实现的。过于简单或者过于困难的目标对练习者的激励作用有限。练习者通过努力实现设定的目标还可以作为一种内部奖励增强自信心。最后,合理的目标应该可以实现个人目标和集体目标的统一。对于集体项目来说,运动员为发展个人的运动技能所设定的目标必须与全队的目标有机结合,如足球的后卫和前锋的个人练习目标应该有区别。

设置具体、有难度的目标有四个优点:①能让学习者把注意力集中在活动上;②有助于调整努力的方向;③使学者在努力达到目标的过程中始终保持警惕性;④可作为与成绩进行比较的效标。

然而后续的相关研究并不完全支持具体、有难度的目标设置对运动绩效最有效这一结论。主要的原因是在实验研究中刻意控制被试设置或不设置运动目标有悖现实情境,也造成研究结果的不一致性。有研究认为,目标设置训练能够有效地促进体育运动中的流畅状态,"目标定向"和"目标难度"对特质流畅和状态流畅均会产生影响。其中任务定向高于自我定向,中等难度的目标优于容易目标和困难目标(刘微娜等,2013)。研究者通过对网球运动员进行研究,发现目标设置训练能够有效提高运动员的状态和自信心,在运动训练中针对性地运用目标设置训练可以更好地促进运动员运动成绩的提高(杨文礼等,2011)。设置适当的、明确的目标有助于激发学生学习技能的动机,在学习技能的过程中以目标为参照,不断努力并调整直至达成,目标的达成又进一步促进了运动动机的激发。

二、任务分析

在确定练习目标后,下一步需要对运动技能的性质进行分析。根据运动技能的不同分类,要达到最佳练习效果,不同运动技能的练习准备和策略也有所不同。

(一)连续性视角

对于投、踢、扣、击打等不连续性技能,由于运动速度快,无法将动作进行再分解,同时在动作操作过程中也无法接收反馈信息。对于这类运动技能的练习,应该要求练习者把注意力集中在运动结果上,不要对运动过程进行分解与注意,完整连贯地完成运动技能。这类运动技能一般都快速而短促,运动中会有休息时间,应该把评价绩效能力作为学习的重要目标之一,要求练习者将注意集中在运动结束后的反馈信息上。

对于游泳、自行车、滑雪等连续性技能,由于运动持续时间较长,动作可以在操作过程的任一时间停止或继续,运动控制和反馈可以在过程中的任一时间进行,因此,练习者在运动中可以利用各种感觉信息和追加反馈及时校正运动技能,从而提高练习效率。

对于体操、武术套路、三级跳远等由不同动作组合在一起的系列性技能,运动动作是由多个不同的技能组合而成的,各技能间具有较密切的依赖性。因此,在练习这类运动动作的初期可采用分解练习,这虽为单个动作的熟练掌握,但还是要逐步过渡到各动作之间连贯性的练习上,要通过多种方式的信息反馈修正错误,最终掌握整个动作。

(二)开放性视角

对于开放性运动技能,如足球运球、乒乓球组合动作、篮球,由于环境的不确定性,不同的阵形或不同的对手,需要选择不同的应对策略。所以,这类技能练习的重点应放在对环境变化的预测能力和应变能力的培养上。而对于封闭性运动技能,如体操、田径、武术套路,需要完成的运动技能是固定不变的,只是练习情境与比赛情境有所不同,因此,练习的重点应该集中在动作的连贯性和稳定性上,同时应注意技能从练习情境向测试情境迁移,包括周围的物理环境,如建筑物、树木、空地,尽管这些因素不会直接影响运动形式,但在特殊背景下,也能影响个体完成动作的成功程度。

(三)认知策略视角

对于高策略性项目,如羽毛球、乒乓球、冰壶,即完成运动需要的认知策略较多。完成这类运动并不是靠绝对的力量或速度,而需要一定的组织能力和技战术策略,太高的唤醒水平可能不利于学习。所以,在练习这类项目中要达到较高技能水平,运动员需要有较高的心智水平,练习指导的重点应放在提高练习者的思维决策能力上,同时应强调速度并减少误差。与此相对应的是低策略性项目,即运动的完成主要依靠力量、速度等绝对实力,认知策略的影响要相对小一些的项目,如举重、铅球、100 米跑,运动员拥有绝对的实力,不需要再进行技战术组织。如在女子举重项目上,我国运动员还没有开始,国外运动员已经完成了三次机会。对于这类项目,练习者需要有较高的唤醒水平,所以,除了绝对力量与速度练习外,还应注意对练习者兴奋水平的调节和重视对运动动作的控制。

当然,分析任务的视角很多,如可反馈的与不可反馈的动作,新动作与旧动作。总之,在运动技能练习前,对任务进行分析,实施重点指导,有的放矢,更有利于运动技能的学习。

第二节 练习量的安排

在运动技能形成阶段,练习量对学习者学习运动技能也起着至关重要的作用,特别是以达到专项水平为目的的技能学习中,练习数量起着决定性的作用。合理的练习量对实现既定的技能学习目标更有意义,这就涉及如何有效地利用练习时间和制定练习计划等问题。

一、过度学习的概念

过度学习是指超过实现特定操作标准所需练习量以外的附加练习。从理论角度看,制定额外练习对动作技能学习和控制是有一定价值的。如果将运动程序视为运动学习基础,那么,额外练习有助于强化技能的一般运动程序和反应图式。从动力学观点看,额外练习是练习者在提高技能操作水平过程中,调节和控制操作稳定性的有效途径。

练习量对学习者学习动作技能起着至关重要的作用,特别是在以达到专项水平为目的的技能学习中,练习数量在一定程度上起着决定性的作用。在大多数情况下,过度练习对实现特定的技能学习有着重要意义。

(一)动作技能的过度学习

过度学习策略对程序性动作技能的提高效果明显。程序性技能是由认知因素和运动因素联合构成的一种技能类型,如武术和体操运动中的套路等,这类技能由一系列单独条件下相对容易操作的动作组成,但要完成全部操作任务,操作者还必须选择操作的时机和次序。例如,背越式跳高就是一个典型的程序性技能,由开始、弧线助跑、蹬地、转体、过杆和落地等环节构成,运动员在完成时不仅要抵抗外界的干扰,而且要把握各运动环节的节奏,反复练习有利于整个动作程序的形成。

程序性技能操作过程中常见的问题是,练习者由于对技能的生疏,忘记某一动作环节后会影响整个动作程序的顺利完成。

对于动力平衡性技能,过度学习也在一定程度上起到促进作用。研究者利用过度学习策略对一项涉及认知因素的动力平衡技能学习进行了研究,一方面是为了探讨附加练习的效益问题,另一方面是要研究技能练习的最佳额外练习量问题。结果得出,额外练习有利于提高保持测试的成绩,所有在达到操作要求后进行附加练习的组,保持测试成绩均要好于无额外练习组。然而,随着额外练习量的增加,保持成绩的提高幅度出现了一个收益递减的现象,50%、100%和200%额外练习导致操作成绩提高的幅度并没有显著性差异。一般来说,虽然额外练习有利于技能学习,但当额外的练习量超过一定范围后,就不能再继续提高成绩了,说明过度训练并非多多益善,可能有一个适宜值。

(二)体育教学中的过度学习

练习是学生掌握技能知识、形成技能、培养能力的一种必要的教学方法。一般认为,练习质量、练习量与学习的效果成正比,但若超过一定的练习量,学习的效果也会受到一定的不良影响。体育课中的技能学习效果也存在随着练习量的增加而出现绩效递减的现象。

在体育教学中教师应根据运动技能的复杂程度为学生合理地安排练习量,并不是练习量越大学习的效果越好,在技能学习的初始阶段练习的掌握程度与练习量成正比,但单一反复的额外练习会使得学习的效果呈递减趋势。因此,在设置练习量的同时体育教师应掌握灵活多变的训练形式,不仅需要保证学生技能掌握的熟练程度,还需要保持学习的高效率。

二、过度练习的积极影响

虽然说过度练习有利于动作技能学习,但若进行过多的额外练习将会对学习产生一定的消极影响。

一般而言,即使练习者已经能够很好地完成技能,继续坚持练习仍然是有益无害的,练习可以提高练习者在未来情境中操作此项技能的能力。但是,以上研究只是从单因素考查过度学习对技能学习的影响,过度学习研究已经明确指出,练习量并不是影响动作技能学习的最重要变量,练习量只有与其他变量共同作用才能产生最佳的技能学习效果,很多的变量都会对练习的效果产生影响,如追加反馈和练习变异性等。从这一角度看练习量只是促进技能学习的一个方面,要创建一个最佳的学习环境,教师和学习者不能孤立地分析练习量因素的影响,还要考虑练习量与其他练习变量的相互关系。

第三节　动作练习的特异性

在运动技能形成阶段如何精准设计技能获得阶段的练习条件,以使学习者在相应的应用条件下迁移达到最佳。我们应当尽可能地让练习条件与掌握技能的条件相匹配。在运动行为领域,这种权衡被称为学习的特殊性假说,最早源于个人差异研究。因而,特殊性假说认为,每个技能都是独特的,即通常动作相互间没有相关性,任务完成条件的改变就会引起潜在能力组合的相应变化。

一、运动练习特异性的概念

特异性假说认为,每个技能都是独特的,即通常动作之间没有相关性,任务完成条件的改变就会引起潜在能力组合的相应变化。因此有效的解决办法是尽可能使技能的练习条件和测验情境相同。

二、运动练习特异性的分类

（一）感觉与运动特异性

技能通过练习而形成的各种内部表征是非常独特的，改变练习时的条件会对技能的再次运用产生阻碍。通过不同视觉条件下的轨迹追踪任务实验，发现练习后如果迁移测验要求被试在没有视觉反馈下进行，练习时视觉反馈最少的被试操作绩效最好，曾获得视觉反馈最多的被试测试绩效最差。这一结果可能是由人类视觉的支配作用引起的，当人类在有视觉信息可利用的情况下，其他的感觉都会处于被支配地位。

（二）运动中的背景特异性

背景特异性在心理学领域已经得到广泛研究，它与环境中各种复杂的因素相关。例如，在学习一个任务的过程中，学习环境的各种因素如室温、墙壁及桌子颜色等对回忆学习的内容均有影响。当个体试图回忆学习信息时，如果出现有相同的背景信息如桌子、墙壁、颜色、气味，这些都可以作为线索以帮助个体提取学习信息。

虽然与认知心理学领域得出的结论基本一致，但在动作学习领域有关背景特异性的证据并不多。研究者以学习各种按键序列为目的做了一项研究，通过计算机屏幕提供每种序列的具体细节。结果发现，当环境线索与练习过程的序列相同时，保持绩效最高，说明刺激信息形成一种背景信息，作为运动序列的一个部分被习得了。在运动中与实际情境相联系的就是主场优势效应，即很多运动队在主场的得分或胜率都要高于客场。多年来不同项目的运动队都非常一致地表现出这种主场优势。研究显示，旅途疲劳、观众数量和攻击性等都不是构成主场优势的重要因素，但并没有排除比赛现场的某些相关因素所产生的主场优势效应。这一效应可能来自主场进行比赛时，练习环境背景信息的微弱优势。背景特异性是一种复杂的心理效应，是指在学习技能掌握的过程中技能内容与学习环境的各种因素相结合记忆的一种特异性，它可以帮助个体根据环境线索有效地回忆学习内容及进入状态，但在相似的情境下记忆不同的内容又会对个体产生干扰。

（三）迁移加工与运动特异性

从保持或迁移测验的各种条件考虑，以上讨论的特异性可以为进行有效练习提供一些指导。然而，难以保证在现实中保持或迁移的条件与练习条件完全相同。实际上，学习者在练习过程中的特异性很高，这与个体在学习过程中的加工特征有关。迁移加工理论认为，练习活动的效果只能通过迁移或保持测验的目标进行评价，即如果练习条件能够促进学习者在保持或迁移测验中的绩效，就可以说练习是有效的。只能根据某些特殊的迁移任务或迁移条件来评价"相对学习量"，某些练习条件可能只对一个迁移测验有效而对另一迁移测验无效，因为他们的信息加工活动侧重点不同。

迁移加工的概念解释了练习与保持或迁移情境间在学习背景方面的相似性。显然，当学习特异性假说所描述的外在环境条件在练习和迁移过程中相同，则潜在的加工过程也是相同的，但现实情况并非尽如人意。

虽然练习条件应该与保持或迁移测验条件尽可能一致的观点得到了人们的广泛认可，但动作技能领域的很多证据似乎违反了这一特殊性原则。例如，当保持测验以分散形式进行，分散练习条件要比集中练习效果好，但是当保持测验以集中方式进行，却仍是分散练习的效果相对较好，这一结果与动作练习的特殊性原则相反。因此，即使在大多数情境下练习条件与保持或迁移测验条件保持一致能够使学习者拥有较好的绩效，但依然还是存在一些针对某些特殊技能的更好的练习策略。

第四节　运动技能的准备

在动作发生前的准备阶段包含复杂的环节，其中有动作准备、姿势准备、肢体准备、力量准备及末端舒适控制、节奏性准备等。

一、动作准备

动作的准备过程非常复杂，它包括知觉、认知和动作成分。通过运动反应时

（RT）技术可以将不同 RT 阶段的肌电图（EMG）分成不同的部分，证明动作准备过程中的复杂环节。第一阶段是动作前部分，在刺激信号出现之后，EMG 的形状变化不大。第二阶段是动作阶段，EMG 信号出现了一个快速增强，说明此时运动神经元已经开始兴奋了，虽然还没有出现可观察到的运动，但是肌肉正准备进行收缩。在这一期间，主动肌在明显地促进 EMG 活动。RT 的动作前和动作阶段代表了动作产生之前的两种不同活动，反映了运动准备过程的不同类型。动作前阶段涉及对刺激信息的知觉或认知加工，以及对所需动作的运动特征准备。动作阶段开始于一个运动的实际输出阶段，在这段时间里，动作所包含的具体肌肉开始兴奋，并准备启动产生可观察到的运动。

通过分解 RT，人们可以深入了解动作准备过程中发生的变化以及干扰 RT 的各种因素会对不同 RT 阶段造成怎样的影响。例如，任务复杂性的增加导致 RT 的变化，会使动作前阶段增加。对于完成包含两次手臂移动的运动，与单一手臂运动相比，动作前阶段的时间会增加 19 秒，而动作阶段只增加 3 秒；当运动持续时间从 150 毫秒增加到 300 ~ 600 毫秒再到 1200 毫秒时，RT 呈线性增加，动作前阶段的长度也呈线性增加；动作阶段在运动持续时间增加到 1200 毫秒前始终保持不变，然后才有微小增加，运动速度增加导致的 RT 增加，也会使动作前阶段增加。然而，改变反应的力量相关特征，动作前和动作阶段都会发生变化。

二、姿势准备

姿势准备过程通常指预期姿势调整，预期是指一个有意的动作或运动执行之前，个体的某些肌肉（非主动肌）被激活，这一过程是无意识的。无论是简单动作、复杂动作或全身性动作，一个有意动作启动之前都存在很多的姿势准备活动。人类完成的所有动作都需要多种肌肉的复杂协同工作。

在一项经典实验中，让被试在直立姿势下完成一项水平面的肘关节屈伸瞄准运动。被试以规定运动时间的三种不同速度完成这一运动，研究者记录下来被试的两个下肢和做动作手臂上的不同肌肉的 EMG。结果发现完成这一姿势活动存在一个特殊的顺序，对于每种运动速度，对侧和同侧腿部肌肉（肱二头肌和股直肌）都要先于手臂主动肌（肱二头肌）被激活，并且当手臂运动速度增加时，预期姿势的肌肉活动要比手臂主动肌激活得更早。研究者还发现不同的姿势肌肉有不同的激活顺序。腿部肌肉先于手臂肌肉被激活,对于目标大小不同的特定肌肉的激活数量也不同。在不同的任务中与主动肌协同的特定肌肉在主动肌被激活之前以特殊顺序被激活。

从菲茨定律的角度来看,这些结果说明运动准备过程也遵从运动时与运动准确性的权衡关系。肌肉的准备不同于 RT 和运动准确性有关。有研究者将不同年龄组的被试进行对比,研究楼梯踏步运动中用于姿势平衡的肌肉协同过程,发现对于同一任务,每一被试或不同被试间的肌肉激活次序是不同的。也就是说对于任何一项操作任务,不是所有人或每个人都遵从固定的肌肉激活顺序。

准备姿势稳定性是动作准备的重要内容,涉及肌肉组织的协同作用。传统的运动科学认为,姿势的肌肉准备是僵硬地、暂时地被组织在一起的。灵活而协调组织的好处在于可以根据操作者在具体情境中的动作平衡需要来组织预期的姿势活动。

三、肢体准备

肢体准备过程的一个重要部分就是选择和组织肢体的具体运动特征以便按照任务的要求和特征来操作。个体通常可以用多个肢体或同一肢体的不同部位来完成同一个动作,必须确定并准备在操作一个具体任务过程中的肢体或不同肢体部位。

个体必须准备的肢体运动特征之一就是肢体的运动方向。对于一项快速运动而言,个体在启动前可能会准备多个不同的方向,与方向准备相关的另一个特征就是手臂的运动轨迹。对于一个要求曲线运动和空间准确性的任务来说,个体必须提前做好准备,控制肢体的运动以适应任务的准确性要求。例如,个体要抓住迎面飞来的球,在球到达前必须做好手和手指的运动准备。

除此之外,肢体准备还包括对简单序列肢体动作的准备,如弹钢琴、在键盘上打字。在开始运动之前,肢体需要对这些运动的次序做准备。在打字和弹钢琴的操作活动中,手的运动有其独特的运动学特征,如对于某段乐曲,前 4 个音符的手指运动次序是拇指、食指、中指、无名指,另一段相同音符的手指运动次序是拇指、食指、中指、拇指,让被试熟练弹奏第一段乐曲之后练习第二段,研究者发现,在两段练习中被试弹奏第 3 个音符和第 4 个音符,手运动的运动学保持一致,被试弹奏每个音符的动作都事先做好了准备。如果手和手指的位置摆放没有在第 3 个音符之前就已经做好准备的话,那么手和手指位置的运动学特征就会有所改变。

四、力量准备及末端舒适控制

当所执行的动作包括操作物体时,准备过程就应确定控制物体所需的某些运动特征。下面将介绍两种运动准备。

(一)力量控制

操作一个物体之前需要准备的一个重要运动特征就是确定移动或拿起这一物体所需的力量。假如你在某一情境看到一个物体,由于某些特征,猜测它可能比较重。但当你拿起时,发现它很轻,因此拿起的动作比预想的要快而高。为什么你会有这种反应?原因是看到了物体的某些特征,正如一个看上去似乎没有打开的饮料罐,虽然它实际上是空的,但你会准备用较大的力量去拿起它。为了完成拿起动作,通过这种准备力量来进行肌肉组织的准备。

研究者通过这些普通的日常经验证明了在操作物体前已经做好了运动力量特征的准备。

力量控制准备的另一个例子就是书法写字。为了准备用笔写字,个体需要确定握笔的力量和施加在纸面上的压力。有经验的书法者会根据纸张表面的各种特征调整下笔力度,从而保证有效、连续和流畅地书写。相反,有书写问题的儿童通常握笔过度用力,并且下笔书写时也会用力过度。

(二)末端舒适控制

当一个人要拿起一个物体时,他如何组织动作以抓住物体?越来越多的研究表明,人们拿物体的方式要根据准备做什么而定,个体手抓物体的位置应该是将来完成动作感觉最舒服的位置。例如,当你想要拿起一只倒扣在桌子上的杯子去装水,你可能会选择将杯子垂直向上放置的方式握杯,以便以最舒服的方式灌水,即使你刚开始拿杯时感觉相当不习惯。

这种自发的基于手的预期最终位置的抓握方法称为"末端舒适效应"。简言之,这种效果就是用一种不舒服的方式拿物体,从而获得一个较舒服或较容易的控制,最终将物体放到它的目标位置。这种末端舒适效应的意义在于证明了物体控制的一个重要特征:部分动作可以预先加工。这一特征包括最终姿势的设计,如最舒服或最容易控制的。有研究指出,手的姿势以这种方式预先准备表明,抓握动作的预先加工是有计划的,是以形成一个新计划或对过去在相似情境中成功使用的一个动作回忆为基础的。

准确性假说用于解释末端舒适效应得到广泛的支持。这一假说认为当个体的肢体处于较舒适的位置时,肢体定位的准确性会更高,动作速度也会更快。这样,人为了保证更快更准确地将肢体和物体定位,应根据最终的舒适状态而不是肢体初始位置来对运动特征做准备。虽然这种措施在拿起物体时可能使手和手臂的姿势不太舒服,但是它可使操作者更有效地完成操作任务。

五、节奏性准备

很多技能的操作都要求运动各单元间遵循特定的节奏模式。人们可以在不同类型的步态中观察到这种特征,如舞蹈片段的表演、篮球比赛中的定点罚球等。在这些活动正式开始之前,练习者通常都要花费一定时间做一些准备活动,称为"常规练习"。关于节奏性模式是否也具有预操作的特征,是否影响运动绩效,没有得到广泛的研究,但有研究认为,节奏模式的常规准备练习与操作成功之间呈正相关。就动作准备而言,预练习可以稳定动作的控制系统,使其参与到节奏性的活动中。

研究者通过录像记录研究了来自运动员已形成习惯的罚球、击球动作,发现预操作行为可能是封闭性动作技能功能操作的重要部分,如罚球、击球前的习惯性动作,这些习惯性的准备动作为操作者进行正式操作并达到以往成功时的节奏提供了一种机会。对大学生篮球运动员罚球技能的研究也表明,操作前对各部分动作进行一致性练习比套路练习更重要。

第五节　影响动作准备的因素

从一个人产生运动的动机到开始运动需要一定的准备,特别是当面临特殊的环境或需要做出特定的动作时则需要更多的准备。此时的动作准备并不是通常所指的运动发生之前长时间的调整,而是指在动作开始前动作控制系统对身体和环境所做出的具体的协调与反应。

一、任务和情境特征对动作准备的影响

(一)反应选择数量

反应数量是影响动作准备的重要因素。随着反应选择的数量增加,用以准备相应运动的反应时(RT)也会增加。

RT 的增加取决于刺激或反应可选择的数量。最短的 RT 是简单反应情境,即一种刺激对应一种反应。当刺激不止一种需要进行选择时,RT 就会慢下来,成为选择反应情境。RT 的增加量和反应选择数量间的关系十分稳定,当个体的简单 RT 和选择数量已知的情况下,可以通过希克定律(1952)来预测 RT。希克定律指出,随着刺激—反应选择的数量增加,RT 值呈对数关系增加。希克定律的数学表达式为 $RT = K[\log 2(N+1)]$,其中 K 是一个常数,N 为反应选择数量。它不仅可以说明 RT 会随着选择数量的增加而增加,还可以预测 RT 所增加的具体程度。

(二)正确选择的可预测性

在运动操作情境中可能存在多种反应选择,当其中一种选择比其他的更容易判断时,那么这一动作的反应准备时间会缩短。也就是说,当一种反应选择的可预测性增加时,RT 就会缩短。

研究者通过预先线索技术来探究 RT 与可预测性之间的关系,也就是在练习者进行选择判断时向其提供某些用于操作的预先信息,如应该使用左手还是右手、应该向哪个方向移动、操作需要的幅度,实验中会向练习者提供一个、两个或三个预先信息或不提供信息。结果发现,随着可预知信息的增加,RT 减小,当预先提供所有(三个)信息时,RT 最小。

关于预先线索对准备动作所需时间的影响,前提是在实际运动信号发出前,个体必须将其注意保持在预先信息上。当个体的注意力转移到预先线索和启动信号之外的其他活动时,就会失去预先信息对 RT 的作用。

(三)预期线索的正确率

预期信息正确与否,会对动作操作产生重要的影响,也是影响 RT 的重要因素。例如,假设一名篮球运动员正在一对一防守一名持球运动员,一种情况是,并知道这名运动员不是投篮就是传球,防守队员有 50% 概率猜中进攻队员会做什么,从而据此做出相应的动作准备。另一种情况是,防守者知道当这名进攻队员站在场上某一具体位置,有 80% 的可能性会传球,防守者很有可能会全力准备防守他的传球。与 50% 概率相比,在这种情况下预先信息为防守者提供了先机。因此,在第二种情况下,防守者可能倾向准备防止对手的传球。

防守运动员采用这种倾向性的准备方式既可以产生优势,也会产生劣势,这主要取决于运动员倾向性预先准备是否正确。一项经典实验显示,当提供的预先信息正确时,个体会在时间上获益,运动的反应时就会比没有预先信息的快。然而,当提供的预先信息正确率较低时,个体对预先信息的倾向性反而会造成运动反应时的增加。

因此,操作者对情境的判断(预期线索)是否正确在一定程度上影响了其动作的准备即反应需要的时间。若操作者对线索的预期正确并有了正确的动作倾向性便可以在一定程度上缩短动作准备的时间,反之则会增加运动反应的时间。

(四)刺激—反应的兼容性

刺激—反应的兼容性也是影响 RT 的一个重要变量。刺激—反应兼容性是针对刺激与反应的匹配关系而言的,如果刺激—反应的匹配会产生较好和较快的结果时,即较短的反应时或较低的错误率,那么这样的刺激—反应匹配关系就具有了兼容性。研究已经证实了刺激—反应兼容性的存在。当线索与刺激特征完全一致时,反应速度最快;部分一致时,反应速度最慢;完全不一致时,反应速度居中,即做"相同"判断比作"不同"判断的反应时短。刺激和反应之间的兼容性影响人们对刺激—反应的信息加工,既决定了学习或建立刺激和反应的对应关系的时间,同时也影响了对刺激做出反应的正确性和反应时。

刺激和反应选择之间的空间关系是研究刺激—反应兼容性的最常用方法。例如,要求被试对三盏灯中一盏亮灯进行三选一的按键反应,如果将灯和按键水平放置,同时将所按的键放置于指示反应灯的下面,那么这种情境就比将灯垂直放置而按键水平放置的兼容性要好。兼容性好的对应关系会比兼容性差的

RT 要短,同时,兼容性降低,错误选择的数量也会增加。

当刺激材料的性质与所要求的反应方式相矛盾时,会产生另一种刺激—反应的兼容性。最典型的例子就是心理学中的斯特鲁普效应,利用刺激材料在颜色和字义上的矛盾,要求被试说出字的颜色,而不是念字的读音,发现说字的颜色时会受到字义的干扰。当代表某种颜色的词汇出现时,如果人们必须说出该词所用的墨水颜色,那么这种现象就会出现。当词代表的颜色和写这个词用的墨水颜色一样时,RT 要比写词的颜色与它代表的颜色不一样时的 RT 要快。例如,写"蓝"这个词的墨水颜色是蓝色时,人们读成"蓝"的速度就比词是"红"而墨水颜色是蓝色时要快。根据刺激—反应的兼容性,当写词的墨水颜色与这个词代表的颜色一致时,就会出现相容的情境;当写词的墨水颜色与这个词代表的颜色不一样时,则会出现不相容的情境,影响到反应的准备。

当刺激—反应的兼容性较低时,RT 的增加是由于刺激与反应选择过程的不一致引起的,而当刺激—反应的兼容性较高时,反应选择过程就会变短,因此任何的 RT 变化皆来自反应选择准备有关的动作过程。具体的反应选择问题涉及从刺激位置到反应位置图式的转移问题,这一转移过程需要时间,所以 RT 增加了。

(五)预备长度的规律性

当个体察觉到反应信号很快出现时,部分准备过程就开始了。"预备"与"跑"的信号之间的间隔称为"预备期"。在简单 RT 情境中,这一间隔长度的规律性影响到 RT。如果预备期是一个固定的长度,即每次的时间长度都是相同的,此时 RT 就会比一般的简单 RT 要短。较短的 RT 与操作者固定的预备时间有关。在一个简单 RT 情境中,操作者在"预备"信号之前就知道了反应方式,并且每次练习预备长度都一样,这样就能够知道在预备之后多长时间开始信号就会出现。因此,个体可以在开始信号出现之前就对反应动作做准备,这样实际的动作开始要早于启动信号。田径和游泳比赛中的起跑有助于理解固定预备长度对 RT 的影响。如果这些比赛的"预备"信号与"开始"跑或游泳之间的时间长度保持不变,那么运动员就能够对开始信号进行预期,并且能够比其他不能准确预测开始信号的运动员获得更多优势。

因此有规律的预备长度可以缩短操作者产生反应的准备时间,而不规律的运动预备期会扰乱其对预备长度的判断,从而增加反应时间。但这种预期在实际的运动启动过程中会有些差异,因为每一个人对精确时间的预测能力是不同的。

（六）运动复杂性

运动复杂性影响动作的准备,动作的构成越复杂,需要的准备时间就越长。在一项经典研究中,有三种不同复杂程度的操作任务,任务 A 是简单的 RT 反应,指示灯亮抬手离开按键,任务 B 要求被试指示灯亮时快速地抬手臂击打悬挂于键盘上 30 厘米的网球,而任务 C 要求被试指示灯亮时快速地抬手臂击打悬挂于键盘上 30 厘米的网球,再返回按键,最后朝另一方向抓另一个网球。结果发现对于这类弹道任务,随着动作复杂性的增加,反应时逐步增加,RT 的增加与所完成动作的组成部分间存在一种函数关系。很多的实验研究也证实了这些结果,从动作准备的角度来看,所操作动作的复杂程度影响个体准备动作控制系统的时间。

然而运动的复杂性涉及两个因素,即完成动作所需的时间与动作组成部分的数量,究竟哪个因素真正影响了运动准备的时间,研究者对此做了一系列的探究,结论支持了动作任务组成部分是 RT 增加的关键因素。因此,运动的复杂程度越高操作者的动作准备时间就越长,而影响动作复杂性与准备时间关系的主要因素是动作的组成部分,动作的组成部分越多,动作的准备时间就越长。

（七）运动准确性

运动准确性也是影响动作准备的重要因素,准确性越高,动作所需要的准备时间就越长。研究者采用不同大小目标的手动瞄准任务对 RT 的比较研究很好地说明了两者间的关系。例如,在一项研究中,要求被试尽可能快地依次击中两个目标(手动瞄准任务),结果发现,当目标大小减小时,RT 也随之增加,并且当第一目标大小固定时,击中这一目标的位置离差与第二个目标大小有关。这表明准确性的增加导致了动作准备时间的增加,运动准备时间的增加很可能是由于个体在空间受限制的情况下强迫移动自己的肢体击中较小目标引起的。这一研究也拓宽了人们对菲茨定律的理解,运动时间的增加与运动准确性要求相关,而与运动的复杂性无关。

二、个体状态对于动作准备的影响

除了任务性质和情境特征外,练习者自身的状态也会影响动作准备过程。个体的状态不仅影响准备运动所需要的时间,而且还影响操作的质量。

(一)个体的警觉状态

练习者的警觉程度影响到其准备动作所需的时间,也影响到动作自身的质量。对于 RT 任务,练习者的警觉状态特别重要,它要求个体必须尽可能快而准确地对刺激做出反应。而对于长时间保持警觉状态的任务,快速而准确地反应很重要,然而练习者需要注意的任务信号并无规律,所以练习者的警觉状态很重要。

提供某些预备信号是提高个体警觉状态和及时反应的一种常用方法。提示个体必须在之后的很短时间内做出反应。在 20 世纪前半叶,人类动作行为研究积累的大量证据显示,反应之前有预备信号,RT 任务的反应时间明显减小。但预备信号发出后要有一个适宜的时间间隔,让练习者在等待启动信号过程中形成和保持警觉。如果预备信号之后给予开始信号太快,或者需要等待很长时间,那么 RT 就会延长。这些研究说明,人们需要一定的时间来形成最佳警觉状态,并且这一警觉状态只能维持有限的时间。对于各种简单的 RT 情境,一般认为预备之后的最佳时间长度应该在 1~4 毫秒。

操作者需要长时间对信号和做出反应保持注意,警觉性会降低,缺乏足够的睡眠会使操作警觉性变得更差。研究一致证明,睡眠剥夺(如长期睡眠不足)、睡眠不足(即睡觉时间少于所需时间)和睡眠中断对个体在警觉情境下的操作具有不利影响。一般认为,要克服与睡眠相关的操作问题的最好办法就是睡觉,但很多情况下无法满足,所以研究者需要寻找其他替代的方式来暂时提高操作警觉性。

(二)注意的分配

很多短距离的速度项目如短跑和游泳等,都要求运动员在出发时尽可能地快速起动。在这类情境中,RT 和运动时间(M)是两个重要因素。为了快速起动,个体可以将注意集中于信号本身(感觉成分)或所操作的运动(运动成分)。操作者选择将注意集中于这两个成分中的哪一部分将会影响到 RT 的长短?

在一项研究中,要求每位被试要么用感觉定向、要么用运动定向来执行快速手臂运动。要求感觉定向组的被试将注意集中于开始信号上,即一听到发令声就将手以最快速度离开反应键。运动定向组的被试则需要将注意集中于最快速度的运动上。研究结果发现,感觉定向组的 RT 比运动定向组快 20 毫秒,但两组的 MT 没有统计学差异。因此,感觉定向组的被试将注意集中于信号并使运动自然地产生,缩短了所需的准备时间,同时也没有降低运动速度,结果总反应时变短。

研究者在运动情境中对短跑起跑的感觉定向和运动定向进行比较研究。RT 通过安装在后脚的起跑器上的压力——感觉开关进行测量,MT 是从脚离开开关开始到距离起跑线 1.5 米处的光电射线被阻断为止进行测量。结果发现,无论是初学者还是专家级运动员,在感觉定向条件下的 RT 都比较短。可能是由于当个体使用运动定向时需要将运动的各个环节进行意识加工,耗费了一定的时间,而使用感觉定向的个体对信号后运动进行了无意识的自动启动,因此所需的反应时要明显少于运动定向。

因此,在操作者保持警觉状态的同时,将注意分配到运动的不同环节也会在一定程度上影响动作的准备。研究表明,操作者将注意集中于信号的发出(感觉定向)而非动作的操作(运动成分)更有利于减少动作准备的时间。

第六节 运动技能的示范与指导

运动技能示范和指导是体育教学与运动训练实践中经常用到的教学方法。通过观察运动技能示范,学习者可以获得运动技能的特征信息,有助于形成自己的动作表象。通过指导,学习者可以将自己的注意集中于动作执行的关键信息,有效解决学习注意资源有限的问题。

一、运动技能示范概述

(一)运动技能示范的概念

运动技能示范是指学习者通过对他人的技术动作及其强化性结果的观察,直接采用或复制他人行为模式或活动,从而习得新的或纠正、完善已有技术动作或行为的过程,它是一种特殊的知觉学习。在国外运动技能学习的研究领域,"示范学习"和"观察学习"两个术语表达的意思是相同的,都是指通过示范这种重要方法来展示技能,从而使学习者能够直接观察到动作的特征。略有区别之处在于前者可能多侧重于"教"的角度,而后者多侧重于学生的"学"。

运动技能示范除了现场示范这种能够直接将动作的各个组成部分实时呈现给学习者的表现形式之外,还有熟练示范者的录像示范及其图片示范等其他形式。这些不同形式示范的观察学习过程都是通过学习者的认真观察(视知觉、听知觉)获得动作的操作信息,经过大脑的加工形成自己的动作表征。

(二)运动技能示范的作用

俗话说"外行看热闹,内行看门道"。不同的人观察同一个示范,收获是不同的。一方面,观察者的目的有区别,如去听音乐会,有人只是为了娱乐,有人是去欣赏,有人是去观察音乐家的演奏技巧,用于提高自己的技能。另一方面,观察者的知识经验不同,对示范的理解也不同。个体通过示范获得的信息可以是意识性的,也可以是非意识的内隐性知识。如何从观察中学到信息,以及从观察中获得了什么,这是研究者感兴趣的问题。

1. 空间信息

视觉是个体获取环境空间特征信息的首要来源。观察示范动作可以使练习者获得直观形象的动作空间信息,这些信息非常有助于练习者的技能动作规范性练习。如教练指导"把手举高一点",或者给练习者看一张正确动作的照片,效果是一样的。但示范能够比指导提供更多的信息,特别是涉及动作序列时,真实的动作示范或者录像播放可以向练习者提供更多的肢体的空间位置和位置变化的信息。如看一套太极拳的动作或者网球发球的动作,这些信息如果用语言描述就会非常麻烦。大量的研究证明,对动态的、连续变化的空间信息的获得,示范的学习效果更加有效。

2. 时间信息

许多运动技能带有一定的动作节奏性,或者时机性特点。通过示范学习,练习者可以较好地掌握动作的时间信息。有学者做过一个实验,让被试完成一个节奏性动作操作任务。在实验前,让被试先听一遍正确动作节奏的录音,随后进行操作测试,在完全没有练习的情况下这些被试获得了较好的操作成绩。可见,被试已经从录音中获得了运动技能的时间信息。观看一段舞蹈动作或者篮球的运球动作,学习者对动作时间节奏的理解可能比语言指导要深刻。与语言指导相比,技能动作的时间信息更容易通过示范进行学习。

3. 技能的协调模式

人体运动知觉研究得出一个重要规律:个体几乎不使用具体特征来判断运动形式,而使用各部分间相互关系的信息来判断运动形式,即观察者从示范过程中获得的是关于技能操作协调模式的信息。具体讲,是观察者从示范中获得的信息,并使用动作协调模式中相对不变的特征来发展和形成自己的技能操作运动模式,这一观点得到了来自运动的视知觉研究者和示范对复杂技能学习影响研究者的支持。视觉系统可以自动觉察运动模式中相对不变的信息,并用以确定技能的演练方式,但现在还不完全清楚个体如何将观察到的信息转化为运动命令以产生动作。

通过观察运动技能示范,学习者还可以获得运动技能操作的协调模式,即获得并使用协调运动模式中那些相对不变的特征信息,来发展和形成自己的技能操作运动模式。

人们在观察动作示范过程中并不是独立地观看每个动作,即观察者从示范中获得的信息并不一定是其正在看的或想要寻找的信息,而是各动作间相对不变的特征信息,即动作的协调模式。观察他人的动作行为能够对观察者产生潜在的影响,有时这种影响可能观察者意识不到。但即使没有注意到主要技术动作操作,观察过动作录像示范的被试在随后相同的环境中完成这一示范任务的效果还是要优于没有观察过的控制组。来自运动的视知觉和示范对复杂运动技能学习影响的相关研究支持了这一观点,个体几乎不使用具体特征来判断运动的形式而是使用动作各部分间的相互关系信息来判断运动形式。视觉系统可以自动觉察运动模式中相对不变的信息,并将这些信息进行知觉加工,整合到所学的动作操作中,从而提高了观察学习的效果。

(三)运动技能示范的分类

根据信息获取的加工通道,可将示范主要分为视觉示范和听觉示范。

1. 视觉示范

视觉信息是人类观察学习的主要信息源,视觉示范是通过眼睛观看动作的录像视频或现场动作演示,以获取所学动作的形象、结构、要领和方法。动作技能的学习首先是从观看动作示范开始,通过观察学习,将动作的特征、结构、内容等以程序的形式组织进来,巩固并储存于大脑中枢,以便在未来应用情境中提取和使用。动作的信息加工、复杂动作的控制与协调主要是以视觉信息为基础的,动作的练习与组织也主要是以视觉信息为加工基础的。不同的示范效果是不同的,不同水平的练习者从示范中获取的信息也是不同的。

2. 听觉示范

听觉是人类第二信息获取通道,对一些节奏性或要求在一定时间内完成的运动,听觉示范的效果可能会更好。听觉示范在实际的运动技能学习中也有着广泛的应用,如健美操、艺术体操、跑步、跳远和跳高等项目,采用的形式有标准的音乐节奏、口令式或敲击式的听觉示范。听觉信号在运动技能的学习中应用相当广泛,甚至在长跑、帆船这类项目中都存在精细的听觉节奏,但目前有关听觉示范的研究很少,甚至听觉反馈的相关研究也不多。

二、运动技能的指导

指导是教师或教练在运动技能教授过程中常用的教学方法。高效的指导能够将学习者有限的注意资源指向动作操作的关键部分,激励并促进学习者自己的操作,进而提高学习者动作技能学习的效率。但在实践中具体应用时,还需要考虑以下一些因素。运动技能练习的指导是指教练员通过语言讲解的方式向运动员传授运动技能的动作要领、操作规范,指出运动员练习中的改进之处,促使运动员在练习中更快理解并掌握运动技能。指导练习者该做什么、怎么做和努力达到什么水平等,这在学习的初期阶段至关重要。指导的另一特征是告诉练习者不应该做什么。在运动技能的练习过程中,教练会自觉与不自觉地使用指导,但有时没有考虑指导的有效性。

个体的注意容量是有限的,教练必须重视指导的质量,要突出运动的关键与重点,言简意赅,而不能轻重不分,漫无边际。一般而言,初学者对新动作的感性认识很少,很难同时将注意分配到多个任务上,即使是很少的语言信息都会超出个体的注意容量,让一名篮球初学者运球的同时再进行本队的技战术布置是不现实的。

(一)指导将注意集中于操作目标

指导的一个重要功能就是将学习者的注意指向有利于操作的关键信息上。有学者认为运动是由既定的运动序来控制与执行的,信息在记忆中都以共同的形式编码,根据运动的预期结果进行指导,技能的学习会更有效。有学者对指导在高尔夫击球运动学习过程中的作用进行了研究,被试为没有经验的学生,任务为将高尔夫球击向 15 米远的圆形目标,都给予握球棒的讲解与示范,但其中一组要求在每次摆动时将注意集中在手臂的摆动上,将球棒看作钟摆,做钟摆式运动,并在摆动前做几次徒手练习。结果显示,指导练习者将注意集中于击球手臂摆动的被试在练习阶段和 24 小时的保持测试中都表现出较好的成绩,说明将注意集中于动作结果更有利于学习。

(二)指导注意关键线索

告知练习者在环境中注意关键信息,这样可以促进运动技能的学习。首先,在技能的练习过程中,教练要告诉练习者应该看什么或关注什么,这样可以帮助练习者校准视觉注意的焦点,从而捕捉最关键的加工信息。其次,让练习者在多种不同情境中练习,指导练习者在变幻的情境中把握运动的关键元素,从而提高运动操作的应变性。但也有研究者指出,个体可以内隐地从环境中获得相关信息,而并不需要在意识上知道是什么信息。有学者以轨迹追踪任务对这一特征进行了实验研究,追踪任务分三部分,前后两部分为随机运动,中间部分是固定运动,但并没有告诉被试这些规律,被试在不知情的情况下练习 15 天。结果发现,有规律的中间部分的测验成绩最好,说明被试内隐地习得了中间部分的轨迹追踪规律。还有学者研究发现,虽然实验中两组成绩都提高了,但外显指导组比内隐学习组出现的错误要相对较多,可能外显指导组将更多的注意资源指向了记忆这些规则,并寻找这些规则的出现,这样就破坏了运动操作本身,影响了注意的分配。虽然现在有不少研究证实,运动技能可以在不需要指导的情况下习得,甚至对某些运动的学习更有优势。但现在较一致的观点是,外显的指导仍然是技能学习的主要渠道,内隐学习至多是外显指导的一种有益补充。

(三)指导注意于技能操作的成就策略

指导练习者将注意指向技能操作的绩效目标,尤其是在操作既快又准确的练习任务中,可以使练习者的学习策略发生优化,从而提高运动技能学习效率。有学者对指导的这一特征进行了实验研究,实验任务为一系列追踪任务,三组被试分别为强调准确性组、强调速度组和既强调速度又强调准确性组。结果发现,强调速度组的练习移动速度最快;既强调速度又强调准确性组获得了较快的速度,但却是以牺牲准确性为代价的;强调准确性组的准确性最高,并且表现出最快的平均总反应时。所以,在面对既要求速度又强调准确性的任务指导时,强调准确性可以较好地达到这两方面的效果。优秀运动员的训练大多采用这种策略,尤其对于羽毛球、乒乓球这些高策略性项目。

(四)指导的信息量

在运动技能的学习过程中,指导应注意度的把握。人类的信息加工容量是有限的,初学者同时加工多个信息的能力更小,对其进行过多的指导会因记忆容量有限而产生不必要的干扰现象,不利于学习,但指导过少,又可能因信息量不足而达不到技能学习的目标。所以,语言线索应简短而精练。教练应当使用语言线索将个体引向操作技能需要注意的情境中,将个体的注意指向专项情境中的文脉线索,促进对运动技能关键信息的获取。如"看球"这一线索将指引视觉注意于球,而"射门"则强调了关键动作。简短的线索指导对技能的学习是非常有效的,既可以促进新技能的学习,又可以巩固已习得的运动技能,尤其对于有一定水平的练习者而言,这样的指导能在一定程度上更快地提高运动技能水平。

(五)通过多种方式进行技能指导

在实际技能学习过程中的指导方式很多,但应用最多的是结合示范进行线索指导,即在做动作示范的同时进行练习的指导,以补充视觉信息,提高注意的集中。还有一种方式是直接提供线索指导,帮助学习者将注意集中于技能的关键部分。如有学者让学生学习头手倒立的研究表明,获得语言指导的学生在练习3个月后能够很好地保持该技能,而没有获得语言线索指导的学生成绩相对较差。还有学者使用5个指导词对网球初学者的学习进行了实验研究,这些指导词是"准备"(提示即将来球)、"球"(注意集中于球本身)、"转身"(提示击球的恰当身体位置)、"击球"(注意集中于击球)、"头向下"(提示击球后头的位置),结果发现,与控制组学生相比,使用线索指导的学生能更好地学习网球的拦截基本动作。总之,对运动技能的练习指导方式很多,不同的组合会产生不同的效果,在不同时机进行指导也存在差异。

运动技能的练习

运动技能的练习分配是运动技能学习过程中必须控制的重要变量,多年来,一直是运动技能学习研究领域的一个重要课题,个体在练习过程中所需的休息时间是教学计划的重要影响变量,所以,大多练习分配的早期研究都把练习的时间间隔作为研究焦点。至今,研究者仍在关注集中练习与分散练习哪一个更有利于运动技能的学习,怎样的组合才能使学习效果更好,即最佳的练习分配。另一个关注的问题是练习单元的时间与练习计划持续时间的分配问题。现在,一般认为,不同的练习分配对于运动技能学习效果的影响是不同的,不同的运动技能可能需要不同的练习分配,才能获得最佳的练习绩效,练习的分配方式必须考虑具体的练习情境。

第一节　集中练习与分散练习

一、集中练习与分散练习的概念

运动分配指对某项运动技能进行练习的计划与分配的方法,其中最典型的两种方法就是集中练习法与分散练习法。

集中练习是指将练习时段安排得很接近,中间没有休息或只有短暂的休息。也就是说,在一定的学习时间内连续不断练习某项技能,直到掌握为止,其间几乎没有间隔时间。

分散练习,也称"间时练习"。对学习的每次尝试之间都穿插休息或其他活动的练习形式。与"集中练习"相对,其效果一般优于集中练习。

二、集中练习与分散练习比较

(一)课堂教学的角度

从课堂教学的角度来说,集中练习的次数较少,但每次练习的量大,练习时间较长。分散练习的次数较多,每次练习的量较小,每次练习的时间比较集中,比集中练习要短。

伴随着社会的进步发展,人们开始注重自身的身体健康,羽毛球作为一项既适合室内又适合户外的运动,深受人们的喜爱。因此有必要根据实际需求来改进教学方法,在这种新的形势下,实现培养羽毛球人才的目标,教师应根据学生及社会发展特点来积极进行转变,下面通过集中练习与分散练习来进行说明。

在羽毛球的学习过程中分散练习比集中练习能更好地产生学习效果,可从以下三个方面来进行解释。①在集中练习过程中,由于每一次练习间一般不休息或休息时间较短,被试通常要连续完成几十次乃至上百次的重复动作。这种练习使个体过度疲劳,对学习产生了消极的影响,从而降低学习效果。而分散练习则要求在一定的时间内完成即可,大大降低了疲劳程度。②一次集中练习超过一定的量可能会降低学习者的认知努力程度,这是集中练习阻碍技能学习的另一个原因。大量的集中练习使得练习变得相对枯燥乏味,使学习者对即将进行的技能练习的认知努力程度降低,导致学习水平在一定程度上下降。③与记忆巩固有关。个体要在记忆中储存所学的技能的相关信息会相应地产生某些神经生化过程,大脑将一个相对不稳定的记忆表征转化为相对持久的记忆表征需要一定时间,经历多天的分散练习,可以为记忆的整理和巩固过程提供更好的机会,从而促进技能的学习。

对于羽毛球的课堂教学而言,教师和教练员应关注如何更科学地规划练习课和课后休息,数据表明,频繁短时间的练习课所产生的学习效果会更好,持续时间短的课和每次课间隔时间长的训练计划更有利于羽毛球技能的学习。与分散练习相比,虽然集中练习的绩效和学习效果较差,但其练习的总周期较短,若在这一时间内再给集中练习增加练习强度,可能学习效果并不比分散练习差。

羽毛球技能的学习过程中,还有一些不确定性因素,除了练习的次数、长短和休息参数外,还受技能类型,学习阶段和个体特质等多种因素的影响。练习的分配值是影响练习效果的一方面,对于集中练习与分散练习相结合,是否对运动技能的掌握更有效,以及二者是否存在一个最适合的结合比例,这些问题还有待深入研究。综上所述,在身体健康的基础上,进行适合自己本身的训练是最好的。在课堂教学中,教师以及教练员应当分析学生,对不同的学生进行训练,找到更适合学生的训练方法。练习分配是运动技能学习过程中必须控制的变量,无论是集中练习还是分散练习,适合学生的才是最好的方法,找到适合的时间训练,会使羽毛球的学习事半功倍。

(二)练习的休息间隔

从练习的休息间隔来看,集中练习几乎没有间歇,或者休息间隔相对较短,练习过后一段时间都很疲劳,而分散练习的休息间隔则要长许多,练习是在相对较轻松的情况下进行的。通常把休息间隔小于或等于练习时间的方法称为"集中练习",而间隔时间大于练习时间的称为"分散练习"。现在一般认为,不同的练习分配对于运动技能的学习效果所产生的影响也不同,不同的运动技能可能需要不同的练习分配,才能获得最佳的练习绩效,并且练习的分配方式必须考虑具体的练习情境。

通过教学安排,课程安排为 1~16 周,每周有两小节课,每周上课的内容不同,但是在课前都会练习基本技能。休息间隔大于练习时间,属于分散练习。与此同时,每一节课都有相应的教学安排、教学目标、教学任务,如其中一节课,我们的教学目标是学会正确打高远球,高远球是羽毛球的核心技术之一,在我们初学羽毛球的时候,都会先学习高远球技术动作。但要想拉出漂亮的高远球,除了正确标准的技术动作外,职业球员还会进行很多刻意练习来提升技术的稳定性。显然,分配练习的效果与时间之间存在一种权衡现象。分配练习在训练中能够取得单位时间的最大学习效益,但完成需要的总时间较长;集中练习减小了训练中单位时间的效益,但需要的总时间较短。因此,最有效的学习方法并不总是最好的,至少应根据时间来优化技能学习。

三、练习分配对连续性技能学习的影响

练习分配是运动技能学习过程中必须控制的重要变量。练习负荷是不同

练习分配方式对技能学习的直接影响,连续性技能的练习需要有较强的持续性,因此练习负荷不宜过高或过低,而非连续性技能可以通过突然的练习负荷提高学习效果。不同练习分配方式也会影响练习效果。连续性技能的练习需要较长的时间,练习效果可能不会立即显示,而非连续性技能的练习可以在更短的时间内取得较好的效果。不同的练习分配方式也会影响练习策略。连续性技能的练习需要多次重复,可以在较长的时间内积累练习经验;而非连续性技能的练习则需要突然的练习负荷,在一定程度上提高学习效果。

对于连续性运动技能的学习,目前较一致的观点认为分散练习比相对集中的练习效果更好。分散练习有益于学习有以下三种原因。

第一,集中练习过程中,由于每次练习间一般不休息或休息时间很短,受试通常要连续完成十几次乃至几十次的重复动作,连续练习使个体产生了过度的疲劳,疲劳的积累对学习产生了消极影响,从而导致成绩不理想。目前的各类研究中,还没有对练习过程中受试的疲劳问题进行评价,集中练习的疲劳是存在的,疲劳对技能学习产生消极影响是完全有可能的。

第二,在集中练习过程中,多次重复地进行一项技能操作使练习变得单调,这样会使学习者逐渐降低每次尝试中的认知努力程度,认知努力的减少则在一定程度上降低学习效果。

第三,分散练习有益于技能学习可能还与人类的记忆规律有关,即与长时记忆储存特点有关。要在记忆中储存我们所学技能的相关信息,大脑必须产生某些神经生化过程,这些反应过程需要一定的时间,从而使大脑将一些不稳定的记忆表征转化为相对持久的记忆表征。与集中在一天或很短的几天内完成的练习相比,跨越数天乃至几年的分散练习为运动记忆的巩固过程提供了一个更适宜的节奏。

四、练习分配与练习时间的权衡

集中练习和分散练习的比较研究都是以练习次数相同为假设条件的,每次练习的持续时间和每次间隔时间各不相同,即时间是个重要的变量。与分散练习组相比,虽然集中练习的绩效和学习效果较差,但其练习的总周期较短,若在这一时间内再给集中练习组增加练习,可能学习效果并不比分散练习组差。显然,练习分配的效果与练习时间之间存在一种权衡现象。分散练习在训练中能够取得单位时间的最大学习效益,但完成需要的总时间较长;集中练习在一定程度上减少了训练中单位时间的效益,但需要的总时间相对较短。因此,有的学习方法并不总是最有效的,至少应根据时间来优化技能学习。

然而,技能学习过程中还有很多不确定性因素,除了练习的次数、长短和休息参数外,还受到技能类型、学习阶段和个体特质等因素的影响,练习的分配只是影响练习效果的一个方面。对于集中练习与分散练习相结合是否对运动技能的掌握更为有效,以及两者是否存在一个最适宜的结合比例,这些问题还有待深入研究。

第二节　固定练习与变换练习

运动技能练习最根本的目的是提高练习者的操作能力,以便在未来的操作情景中有良好的表现。但实际的练习情景永远都不可能与未来的操作情景完全吻合,所以如何设计练习就成了运动技能学习领域最重要的问题。

一、固定练习与变换练习的概念

运动技能学习强调通过练习变异性来提高技能练习的效果,因为练习运动和情景的多样性不但能够提高练习者操作该项技能的能力,而且还能提高其对未来新环境的适应能力。练习变异性是指练习者在练习技能过程中体验到的动作特征和情景特征的变化。有效练习最典型的特征是让学习者在练习过程中能够体验到技能的不同变化,包括操作情景变化和技能本身的变化。技能练习的最根本目的是提高练习者的技能操作能力,所以体育教师在教学中应当使用最有效的练习方法,以便在未来的应用情景中能够更好地操作。下面将具体讨论运动技能练习的变异性问题,练习变异性包含两种典型的练习形式,即固定练习和变换练习。

(一)固定练习

固定练习是指练习者在练习过程中按照动作的要求对一个动作进行反复练习,完成动作的程序和参数都不变的一种练习方法。

（二）变换练习

变换练习是指练习者在练习过程中变换某些调节参数并反复进行技能练习的方法。调节参数包括运动的速度、距离、力量和间歇的时间等。

例如，篮球的罚篮技能练习就会用到固定练习和变换练习。罚篮动作是一个复杂的组合运动，包括参与的肢体、动作顺序和相对节奏等基本特征（固定特征），也包括不同距离、弧线和速度等具体变化的特征（调节参数）。固定练习可以很好地确定动作的参与肢体、相对节奏和肢体顺序等，初步建立一般动作程序。尤其在运动技能学习的初期，固定练习是学习罚篮动作所必需的。一旦掌握初步的运动程序，就要变换各种动作的调节参数，如力量和速度等，即把一般运动程序运用于各种具体的投篮情景中，以适应不同的比赛环境。因此，罚篮练习要学习的是对环境的有效评价，以确定这一环境中需要何种力量和投篮角度，然后选择有效罚篮的程序参数，这一过程必须通过大量的变换练习实现。

二、练习变异性的重要性

变异性作为不稳定性的代名词，练习变异性是通过改变运动参数和不同的运动背景对练习效果产生影响，通过改变练习条件和练习参数来促进和调节训练的成果，通过这种训练技能方法的运动来推进训练者身体素质和综合技能的提高。变换练习方法指在不断变换练习的条件下进行反复练习的方法，如改变练习的速度、轨迹、方向、用力，变换动作的形式与组合以及器械的高度、重量等。主要用于巩固、提高动作技能，提高身体素质。一般影响练习变异的因素有极端值，样本大小。练习变异性与一般动作的参数变化有关，是通过改变运动参数及不同的背景干扰效应对练习效果产生影响。所以，练习变异性是通过调节运动训练中的参数和运动背景实现的。与以往的固定练习法相比，变换练习法能够使参与者在练习运动技能过程中因环境、速度、距离、力量等参数的不同，从而体验不同的运动特征。

羽毛球运动中，羽毛球运动者必须具备手眼协调的能力。也就是说，羽毛球运动者需要学会看准羽毛球，仔细观察羽毛球的落点和方向，以便自己精准地击打羽毛球。同时，在面对不同角度的羽毛球时，我们也要学会选择合适的击球方式，这样一来，我们才能打准羽毛球，才能学习更加高阶的羽毛球技巧。

运动技能变异可向初学者不断演示不同来向的羽毛球,不同落点的羽毛球,不同击球技能方式下羽毛球的状态慢放或常态演示,在熟悉不同状态下羽毛球的运动方式和羽毛球的旋转方式,以及所携带的力度后分析和思考不同的对向羽毛球来球时该采用何种方法来处理和击打羽毛球。

同样在处理方式训练时也可调整不同的背景,如不同情景下如何快速反应或下意识地去挡拍是最容易应对劣势下的反击和击球。以此来提升和锻炼初学者的眼力、判断力、分析力以及手部动作的使用。如此使初学者在眼手协调上得到进一步的提升。

练习变异性是通过改变运动参数及不同的背景干扰效应对练习效果产生影响,相比于以往的固定练习法,变换练习法能够使参与者在练习运动技能过程中因环境、速度、距离、力量等参数的不同,从而体验到不同的运动特征,有效地促进运动技能的学习。就羽毛球运动而言,柔韧素质、耐力素质是很重要的,因此中长跑等跑步运动都是比较适合的方法。同时为了结合耐力与反应能力,有必要进行有针对性的步法练习,模拟在球场上进行的快速位移和急停、倒退等动作模式进行练习,每次连续进行的时间较正常的一个场上回合时间稍长即可。有条件和器械的地方还可以通过多个角度的连续发球方式来练习反应和耐力,适应在实战状态下的体力消耗。

变换练习对运动技能的保持和迁移都比固定练习有更好的绩效。因此,变换练习有以下两方面的优势。

(一)帮助练习者建立某个动作不同参数和不同条件下的执行能力

通常,投掷 4 米、6 米或 8 米,动作的生成模式是相同的,但是整体力量的参数会有所区别。如果投掷者使用了错误的力量参数,那么投掷的结果就会过近或者过远,而熟练的投掷者则会选择正确的力量参数来满足任务的要求。

(二)有利于练习者在某个新异条件下完成动作

通过变换练习,练习者不仅可以完成这个动作的特定要求,而且可以建立起以动作为核心的各种条件要求。例如,通过练习不同距离、不同目标类别的投球动作后,当有一个新的距离和新的目标出现时,即使是没有练习过,练习者也可以比较成功地完成这个任务。

三、变换练习的方法

(一)闭锁性运动项目的练习多样化

闭锁性运动技能是指大多数情况下,主要靠内部的本体感受器所介入的反馈来调节运动,而外部感受器所介入的反馈对此作用不明显,即对外界的依赖程度较低。如体操、跳水、游泳等。对于闭锁性运动项目来说,通常会通过改变环境来创造出常规性条件和非常规性条件,用于运动技能的练习中。篮球罚球则是在同一位置使用同样的球,朝同样的目标进行投掷,属于试次内无变化的闭锁动作。根据背景环境的变换方式,可以在常规性条件和非常规性条件下进行练习。在常规性条件下,篮球罚球则也应当对应常规条件,不适合过多改变投掷距离或者目标。在进行非常规条件练习时,两个项目都可以通过改变练习环境、制造人为噪声、模拟比赛环境等方式,进行非常规练习。

(二)开放性运动项目的练习多样化

开放性运动技能是指以环境和本体感觉变化的整体性、统一性为特征,很大程度上受外部刺激的影响,必须借助于一种不同于肌肉反馈的智力计划来部分地加以控制和调整。如拳击、棋类、球类等。与闭锁性动作相比,开放性运动项目的特征是永远存在试次内变化。因此,无论是在常规性条件还是非常规性条件下,都应当进行变换练习。但是对于所有的运动技能,初学者应当选择变换程度相对较低的练习方式,直到个体的运动技能过渡到相对稳定的阶段。

四、影响练习变异的因素

现在较一致的观点认为,变异性练习有利于运动技能的学习。但也有观点认为这种影响很小,甚至没多少影响。这说明可能有某些因素影响练习变异性的效果,而对于某些学生而言,变异性练习要比固定练习有效,尤其在某一阶段练习的效果会更好,如技能学习的开始阶段。研究者发现练习者的年龄与性别、练习的组织方式和任务性质对不同的练习方法有显著影响。

(一)年龄与性别

几乎所有的研究中都发现,变换练习比固定练习对儿童的技能学习更有效。性别是个体差异研究的重要变量之一,通常也是影响实验结果的分组变量。通过对儿童的技能学习研究发现,小学一年级女生比男生在变异性练习中受益更多。在其他研究分析中指出,变换练习组和固定练习组的差异主要是由女生的前后差引起的,女大学生比男大学生从变异性练习中能得到更多的好处,男生变换练习前后差异几乎不显著。因此,至少目前的证据表明,在练习变异性上女性比男性更加有效。

(二)练习的组织方式

关于练习变异性的效果问题,虽然大多数研究证明了其对技能学习的积极影响,但也有些报告没发现显著影响,主要来自对成年人被试的研究。通过对那些没有积极影响的实验研究进行综合分析,结果发现,这类研究大多都将所有变换练习在一定程度上组合在一起,进行固定序列练习。可能这种固定的序列练习影响了练习变异性的效果,要真正了解练习变异性的效果,应该使用完全的随机练习方式,而不是组块的序列练习顺序。

(三)任务性质

任务性质对练习变异性效果也会产生不同影响。通过研究发现,对于一个相对时机的封闭任务,固定练习比变异练习效果好,而对于一个固定时机任务,变异练习效果要优于固定练习。而另有研究者甚至指出,一个任务的某些方面在固定练习条件下效果较好,而在其他方面则使用变异练习效果更好。至少目前可以确定,不同性质的任务会影响变异性练习的效果。由于任务性质的分类众多,具体的影响还有待深入研究。

五、固定练习与变化练习的案例

固定练习是在训练课中人们执行一种动作任务特定动作模式的练习序列。变化练习是在训练课中人们执行一种动作任务多种动作方式的练习序列。固定练习和变化练习是练习变异性的两种相对典型的练习形式,是用来描述练习者在练习技能过程中体验到的动作特征和背景特征变化。运动技能练习过程中经常会使用这两种练习方式,不同的条件方式对运动技能的保持和迁移效果不同。

固定练习是指练习者在练习过程中按照动作的要求对一个动作进行反复练习,完成动作的程序和参数都不变的一种练习方法。变换练习是指练习者在练习过程中变换某些调节参数并反复进行技能练习的方法。调节参数包括动作的速度、距离、力量和间歇的时间等。例如,篮球的罚篮技能练习就会用到固定练习和变换练习。罚篮动作是一个复杂的组合运动,既包括参与的肢体、动作顺序和相对节奏等基本特征(固有特征),又包括不同距离、弧线和速度等具体变化特征(调节参数)。固定练习可以很好地确定动作的参与肢体、相对节奏和肢体顺序等,初步建立动作的一般动作程序。尤其在运动技能学习的初期,固定练习是学习罚篮动作所必需的。一旦掌握初步的动作程序,就要通过变换各种动作的调节参数,如力量和速度等,即把一般运动程序运用于各种具体的投篮情境中,以适应不同的比赛环境。因此,罚球练习要学习的是对环境的有效评价,以确定在这一环境中需要何种力量和投篮角度等,然后选择有效罚球的程序参数,这一过程必须通过大量的变换练习实现。

我国目前的羽毛球技术水平与之前相比虽然有了显著提升,并且在世界上占有一席之地,但是在羽毛球教学水平上却相对比较滞后,进而对我国羽毛球运动的发展和教学造成一定的影响。基于此,本书将站在步法固定线路练习法的层面来详细地探讨其应用原则,并提出具体的应用策略,以此来提升羽毛球教学的实效性。目前我国的羽毛球队在各种赛事中均获得了优异的成绩,这样就让该项运动的受众变得越来越多,而怎样才能够使其在中国的发展长盛不衰,则是当下广大体育教育工作者所要思考的问题,而解决该问题的根本原则是以有效的教学方法提升教学水平,这样才能保证人才供给的连续性和及时性。

步法固定线路练习法运用的基本原则就是在练习羽毛球球路的时候,以固定线路将两个及其以上基本步法技术进行组合的一种步法练习策略。在练习的过程中必须严格遵循以下原则:①系统训练原则,这是将预期练习效果达成的关键条件之一,只有在人体自身系统逐一实现的情况下才能适应性训练负荷,进而将练习质量提高,在此过程中必须掌握多个动作的连接和串联。②适宜负荷原则,针对训练计划、训练阶段等要求进行不同负荷量度与内容的安排,并且要充分考虑学生的个体性差异,这样才能将练习效果达成。③实际与理论结合的原则,要想将教育方针实施,将素质教育落实,理论与实际的结合是关键,只有这样才能加深学生对体育文化的理解和认识,同时加深对理论知识的学习和理解。④专项练习与一般练习结合的原则,在掌握羽毛球运动特点的基础上,依据学生的训练及其能力水平制定阶段性任务,有效地结合专项练习和一般练习,同时对练习方法合理选择,使学生的各器官系统功能得以提升,充分掌握理论知识和运动项目技术,为专项训练奠定基础,促进专项运动成绩和能力的不断提升。

第三节 组块练习、随机练习与系列练习

组块练习、随机练习和系列练习都是针对多种任务练习而言的。在很多实际教学情境中,在一个学期或一个训练周期内,要学习的内容不止一个技能,如同时要学习足球、排球、铅球等,或者一个项目的多个技能。教练或教师需要在练习期间把这些不同任务进行有序的安排,以获得最佳学习效果。影响练习效果的典型练习方法有随机练习、组块练习和系列练习。

一、随机练习、组块练习和系列练习的概念

随机练习是在多任务的练习过程中,采用随机方式进行运动技能的练习,直至完成全部任务的方式。

组块练习是在多任务的练习过程中,一项任务全部完成后,再进行下一个任务练习的方式。

系列练习是在多任务的练习过程中,几项任务采用一定的顺序依次进行,下次练习仍然采用这一顺序,直至完成所有任务的方式。

二、组块练习与随机练习案例

以学习空手道为例。组块学习与随机练习以三天为练习周期,学习空手道的练习安排如下。

方法一:组块练习(AAA、BBB、CCC)。第一天,练习踢;第二天,练习格挡;

第三天,练习打。

方法二:随机练习(CCB、ACB、CAA、CAB)。第一天,练习打—打—挡—踢—打;第二天,练习挡—打—踢—踢—打;第三天,练习挡—踢—踢—打—挡。

方法三:系列练习(ABC、ABC、ABC)。第一天,练习踢—挡—打;第二天,练习踢—挡—打;第三天,练习踢—挡—打。

三、组块练习与随机练习的比较

运动技能的形成一般有掌握、保持、迁移三个阶段。

有研究指出,在练习掌握阶段,组块练习对运动技能学习的效果优于随机练习,但是在保持和迁移阶段,随机练习优于组块练习。

有序列进行的组块练习,有利于固定动作模式的形成,相对于无规定的随机练习,更容易完成任务。组块练习更适用于动作时间类和测量距离类指标运动技能的学习,而随机练习更适用于动作速度类指标运动技能的学习。

随机练习首先面临的问题就是技能练习过程中的文脉干扰效应。文脉干扰是指在技能练习过程中,前后技能的相互关系对当前运动产生的干扰现象。传统观点认为,文脉干扰会妨碍学习的顺利进行,在技能的练习过程中应尽量防止文脉干扰。但当前研究者认为,虽然在练习过程中的大量文脉干扰有时的确会对练习产生暂时的消极影响,但通过保持和迁移测验发现,这些干扰效应最终却在一定程度上对学习产生了积极影响。

组块练习是指在每组练习中只练习同样的一个动作。随机练习是指在每组练习中随机地练习多个动作。其中,两种练习方式的文脉干扰,组块练习文脉干扰相对较低,随机练习文脉干扰相对较高。组块练习的文脉干扰效应在练习过程中绩效高于随机练习;保持测试绩效随机练习高于组块练习;迁移测试绩效组块练习高于随机练习。

四、运动技能的系列练习

系列练习,是指在多任务的练习过程中,几项任务的练习采用一定的顺序进行,下次练习仍然采用这一顺序,直至完成所有练习任务的练习方式。

系列练习的优点:①系列练习在多任务的练习过程中,几项任务的练习都按照一定的顺序进行,练习者已形成工作记忆,有了固定的模式,能够很容易完成相关任务。②系列练习照着一定的顺序,有着一定的逻辑,练习者更容易掌握运动技能,获得相应的行动计划。③系列练习受到干扰的程度处在这一连续体间的某一位置,干扰程度较小,能够较好地完成任务,获得运动技能的相关知识。

系列练习的缺点:①系列练习中所有任务的练习都按照一定的顺序,人们有了固定的思维,限制了人们的行为。②系列练习的练习方法都用一定的相同的顺序进行练习,但可能有些技能的练习方式与其不相符,会造成相反的结果,没有取得很好的学习效果。③系列练习用相同的练习方式和顺序,可能会让练习者产生厌烦的情绪,在一定程度上造成学习效果的不佳。

组块练习、随机练习和系列练习三种都是运动技能形成过程中重要的练习方式,要学会用正确的练习方式学习技能运动,提高学习的效率。组块练习对动作时间和测量距离类指标的运动技能学习更有效,而随机练习对完成得分和动作速度类指标运动技能学习效果更佳,系列练习对进行简单而不复杂的运动技能学习效果更佳。

第四节　整体练习与分解练习

在开始进行运动技能学习时,是从技术动作的开始到结束,完整地进行练习,还是将技能分成若干个环节或部分后分别进行练习,这对运动技能的学习和最终的练习效果至关重要。练习运动技能的最常见方法是把所学技能分解成若干部分,依次地进行练习,然后再进行连接。因为一项技能一般都具有一定的复杂性,开始学习时很难一下子从整体上把握,而且,分解练习可以重点学习困难部分,减少容易部分的重复。

一、整体练习法及案例

整体练习法是指从动作开始到结束,连贯地进行练习的方法。这种整体练习法适合于结构比较简单或者虽然复杂但不宜进行分解教学的动作。在运动技能的学习过程中,如果练习的技能相对简单,技能的运动元素构成较少,各元素相关度较高,应采用整体练习。如高尔夫球的击球动作、拳击的出手动作。一般这类快速动作最好不进行分解练习,即使采用分解练习,所练习的动作也多数与原动作相去甚远,对整体动作的练习作用不大。有时,将动作机械地分成若干部分进行练习是不可取的,那样会破坏整个动作的结构。

二、分解练习法及案例

分解练习法是指将完整的技术动作或战术配合过程合理地分成若干个环节或部分,然后按环节或部分分别进行训练的方法。分解训练法通常是在技术动作或战术配合过程较为复杂的情况下予以分解。

(一)单纯分解练习法

单纯分解练习法的应用,需先把训练内容分成若干部分,分别学习、掌握各个部分或环节的内容,再综合各部分进行整体学习,在技术和战术的学习与训练中被广泛采用。该方法对练习的顺序并不刻意要求。例如,采用此法进行标枪技术的训练,可将整个标枪技术过程分解成三个部分或环节,即持枪加速跑、最后交叉跑、挥臂投掷三部分。训练进程是,先训练"持枪加速跑",掌握后再训练"交叉跑",掌握后再训练"原地挥臂投掷",最后把三部分合成起来进行完整训练。

(二)递进分解练习法

递进分解练习法的应用,需把训练内容分成若干部分,先训练第一部分;掌握后,再训练第二部分;掌握后,将第一部分、第二部分合成起来训练;掌握两部分后,再训练第三部分;掌握后,将三部分合成起来训练;如此递进式地训练,直至完整地掌握技术或战术。该方法虽然对练习内容各个环节的练习顺序并不刻意要求,但对相邻环节的衔接部分则有专门的要求。

(三)顺进分解练习法

顺进分解练习法的应用,需把训练内容分成若干部分,先训练第一部分;掌握后,再训练包括第一部分的第二部分;掌握后,再训练包括前两部分的第三部分;如此逐步前进,直至完整地掌握技术或战术。

（四）逆进分解练习法

逆进分解练习法与顺进分解练习法相反，应用时把训练内容分成若干部分，先训练最后一部分；逐次增加训练内容到最前一部分；如此进行直至掌握完整的技术或战术。例如，采用此法进行标枪技术的训练，训练进程是先训练"原地挥臂投掷"；掌握后再结合"挥臂投掷"训练"交叉步"；掌握后再将"挥臂投掷""交叉步"与"持枪加速跑"串成一体训练，直至掌握完整的标枪技术。逆进分解练习法的应用特点是训练内容的进程与技术动作、战术配合过程的顺序恰恰相反；多运用于最后一个环节为关键环节的技术和战术的训练，如投掷、扣杀、踢踹等动作。

三、不同性质任务的分解练习

练习运动技能最常见的方法是将所学技能分解成若干部分，依次进行练习，然后再进行整体的连接练习。所以，在进行运动技能学习时，首先确定的是要整体练习，还是将技能分成若干个环节或部分后分别进行练习，这对运动技能的学习和最终的练习效果至关重要。整体法可使学生更好地体会各动作间的连贯性，更准确地掌握完成各动作的时机；而分解法则强调在完成整体动作之前做好每个单独的动作。一方面，该练习可以降低任务的复杂性，练习开始阶段很难从整体上对技能进行控制，分解练习是必需的；另一方面，可以对某些部分进行重点练习，减少对容易部分或已经掌握部分的重复练习，从而节约时间。例如，泳姿技术的学习，一般都会采用上肢和下肢动作的分解练习，然后再进行整体练习。分解练习的目的是要实现对整体技能学习的迁移，一般分解的动作都与整体技能高度相似。但关键问题是哪些动作能分解练习，哪些动作不能分解练习，要确保分解的动作与整体动作相似，有着共同的一般动作程序，要能获得最大程度的迁移效果，这对于教练与体育教师的技能教学至关重要。

（一）连续性任务

连续性任务是指相同动作以连续、不间断的方式依次完成的技能。在连续性任务中，动作间相互连接而协调，破坏这一协调状态来单独练习其中某一部分一般是没有效果的，因为练习者要学的正是这种各部分间的协调性。所以对于大多数连续性技能的学习通常采用整体练习较有利,如跑步和游泳的划水动作等。一些学者对连续任务进行整体练习和分解练习效果研究后指出,虽然单独进行某一个动作的练习对整体技能的学习具有促进作用,但是这种分解练习比用相同时间进行整体练习的效果要差,证明学习连续性任务的有效方法是整体练习。

虽然连续技能中的某些动作可以进行重点学习,但连续技能各部分间的协调性是不可能通过分解练习习得的。例如,一名体操运动员可能会做一个套路中所有的单个动作,但她不一定能完整地完成这套动作,因为她没有学会在前一个动作的基础上协调下一组动作。所以连续性任务多以整体练习为主。一些学者研究发现,在单独练习节奏性运动技能的某些部分时,同时双耳给予节奏刺激,这对学习节奏性整体技能是有效的。这说明学习有知觉成分的连续性任务时,分解练习也是有效的。

(二)不连续性任务

不连续性任务是指那些具有明显开始和结束特征的运动技能。一般指运动时小于 1 秒的简单动作,如高尔夫的击球、拳击的出拳和投掷的出手动作等,这类动作有明显的起止点,一般只包含一个动作程序。不连续性任务快而简单,与连续性任务差异很大,各部分的联系紧密,因此很难将这些动作分离出来进行单独的练习,即使单独地分解练习这些部分也不会对整体技能起促进作用,任意地对动作进行分解就会失去其在整体动作中的关键特征,导致动作的性质变化。因此,不连续技能一般采用整体练习,对动作的某一部分进行分解是无效的,甚至会妨碍整体技能的学习。

(三)系列性任务

系列性任务是指由一系列不连续动作或一个动作序列构成的一套组合动作。如背越式跳高和体操项目中的套路动作等,这类动作由一系列不同部分构成,其中含有连续技能和不连续技能,单个动作具有明显的起止特点,有些部分操作难度大,需要大量地练习才能掌握,有些则很简单。一些学者研究指出,单独进行系列技能的某一部分练习,简单部分少练习些,这种分解练习更有利于整体动作的学习。一些学者也通过实验证明系列技能分解练习是有效的,并指出,只有当各部分的重复以随机的方式进行练习才是有效的,组块练习明显不利于技能的学习。

对于系列性运动技能的学习,分解练习是有效的,尤其是含有连续和不连续技能的组合,动作间似有一定的"停顿",很可能由不同的程序控制。但目前对运动中肢体间的协调原理研究的还不太明晰。采用分解练习,可避免学生把时间浪费在已经掌握的简单任务上,同时可以将精力集中在需要练习的部分上,因而提高了练习的效率。当然,分解练习有多种组合方式,不同的组合方式效果也不同。但应注意的是,系列性运动技能总体上也属于连续性技能,各部分间高度关联,前一部分动作的完成质量通常会影响下一部分动作的完成,动作的协调性练习仍然是学习的重点,分解练习对于动作的协调性学习是有限的,在关键动作基本掌握之后应尽快过渡到整体动作的学习中,进行系列动作程序的构建,这是掌握整套动作的关键。

从分解练习到整体的迁移效果如何,主要取决于运动是不是由一个运动程序支配。如果动作短而迅速,可以认为这是由一个动作程序控制的,应该作为整体进行练习。如果动作很慢,而且动作中间有很明显的"停顿",则该动作很可能由不同的程序控制。例如,网球的发球、抛球的动作和击球的动作间有停顿,似乎抛球程序过后,有一个停顿用于反馈,这样击球程序就可以根据击球的位置与时机适时调整。在跳板跳水中,起跳和团身似乎是一个程序,而打开身体的时机却要根据视觉或前庭器官的信息反馈来确定。这些任务可以分解开来进行练习,而且从部分到整体的迁移效果应该会较好。

第五节　心理练习

心理练习是指在不进行外显身体动作的条件下,个体在头脑中对技能进行认知复述的练习方法,也可以是对技能或技能环节的操作进行视觉表象或动觉表象的一种练习方法。心理练习可以发生在现场观察他人操作的过程中,也可以在观看他人或自己操作的录像中进行,或者根本不需要任何视觉刺激就可以进行心理练习。心理练习通常需要练习者在内心复述任务,有时表象的内容还包括各种策略。

一、心理练习的作用

心理练习在体育领域应用非常广泛,尤其是竞技体育领域中,心理练习已经广泛运用于运动员的赛前调适、赛中控制和赛后恢复中,甚至是技能的学习与改进。很多国家在大型比赛前都会专门成立运动员赛前心理科技服务小组,从情绪调适、动作演练到功能康复,给予全方位的干预,心理练习越来越引起人们的重视和关注。事实上,前面所讨论的很多运动技能的练习都穿插有心理因素的影响。背景干扰效应的理论假说主要依靠心理效应来解释技能获得和保持之间的内在关系,随机和组块练习效应差异也在一定程度上受被试练习认知方式的影响,如果要求被试对所练习动作进行心理比较时,可以促进组块练习,心理练习与身体练习相结合可能更有助于运动技能的保持。

(一)促进运动技能学习

心理练习对运动技能的学习是否有效,研究者一般采用心理练习、身体练习、身体练习加心理练习和控制组的实验方法验证,心理练习主要采用内隐复述或表象技术。现在研究已经证实,心理练习不仅能够促进动作技能的学习,而且能够提高技能操作的速度。

(二)刺激动作学习的心理准备

心理练习可以作为一种常用的准备策略,有助于动作技能的学习。心理练习具体的五步学习策略:第一步,在身体、心理和情绪方面做准备;第二步,在头脑中对动作操作进行视觉和动觉的心理表象;第三步,将注意高度集中于与动作相关的线索上;第四步,执行动作;第五步,评价动作效果。很多研究已经证明了五步学习策略对具体技能学习的作用。关于心理练习对动作学习的效果问题,现在的一个基本观点认为,心理练习可能会在多方面影响运动技能的学习效果,当无法进行身体技能的练习时,心理练习对于技能的学习将不失为一种有效的方法。

二、心理练习的作用机制

心理练习已经广泛运用于各类体育赛事的准备、过程的调节和赛后的康复中,也广泛运用于各类体育技能的学习过程中。关于心理练习为什么能够促进运动技能操作与学习,研究者从不同的角度提出了多种不同的理论解释。在众多的理论假说中,神经肌肉假说、脑活动假说以及认知假说得到了研究者的普遍认可。

(一)神经肌肉假说

神经肌肉假说认为,练习者对动作进行心理演练时,依次的动作表象激活了与实际动作操作相似的神经支配活动,经历了相似的神经肌肉活动,只是此时动作程序的运行强度较小,所以不能产生明显的肌肉收缩。但多次激发即可起到巩固完成动作的心理图式,完善动力定型,使技能达到自动化。

(二)脑活动假说

脑活动假说认为,以表象为主的心理练习之所以有效,是因为表象练习和实际运动之间的神经生理图式是相似的。

(三)认知假说

运动技能学习的开始阶段、联结阶段和自动化阶段都要涉及人类的高级认知活动,做什么、何时做以及怎么做。心理练习主要涉及学习过程中技能操作的认知元素演练,回答新任务做什么,这可能正是心理练习对技能学习有效的内在原因。

第六节　模拟练习

运动技能学习是个体技能操作绩效相对持久提高的一种能力变化,练习是促进这种能力变化的最重要因素之一。练习的效果与如何组织练习、动作类型以及练习者特征等因素有关。在既定的练习计划下,最大程度地提高练习者技能练习质量是体育教学的重要目标,练习条件影响技能学习和练习绩效。

在运动技能学习中,模拟练习是必不可少的。模拟练习是指利用模拟器和仿真环境来简化运动技能难度的一种技能练习方法。例如,飞行员开始练习驾驶飞机技能一般都要采用地面的模拟驾驶练习,通过模拟练习将技能迁移到驾驶飞机的实际技能上。人类利用模拟练习已经有很长的历史,而对模拟练习的研究大多集中在车辆驾驶员和飞行员的培训中,体育领域也广泛应用模拟练习进行运动技能的学习和比赛。现在研究普遍认为,模拟练习对于技能学习具有积极作用,特别是当模拟练习的仿真度较高时,更容易产生迁移。模拟练习主要有以下物理模拟和虚拟现实模拟技术两种形式。

一、物理模拟

物理模拟又称"模拟仿真",是利用现代科学技术方法创设出的虚幻情境或某些特别条件进行训练的方法。物理模拟练习是近年来运动技能学习中一种流行的练习方法,运动员针对比赛中可能出现的情况反复进行实战性模拟练习,并在与比赛条件相似的环境下训练,目的在于提高竞赛的临场适应性,在头脑中建立起恰当的动力定型结构,使得自己的技战术水平得到最大限度的发挥。物理模拟练习在学习程序性知识、既定顺序等方面是非常有用的,通过正规练习前的模拟练习可以节省这些环节的加工时间,因为程序性知识与执行系统不同,它更容易在技能间实现相互迁移。物理模拟常用的方法有提高身体负荷水平的超量模拟、克服各种技术障碍模拟、与假设对手比赛模拟以及观众效应的心理模拟等。

物理模拟为训练提供了很多的便利,可以在任何时间使用,提高了时间的使用效率和训练安全性。其中,模拟对手是技能训练的一种重要任务,尤其在竞技体育领域应用普遍。多年来,模拟对手训练是我国乒乓球队大赛封闭集训的内容之一,主要针对国外某些对手的一些打法和特点,进行一些有针对性的应对练习。其他类项目在大赛前一般也都会做一些有针对性的模拟练习,模拟对手的技战术。最常见的就是赛前的热身,找技术或风格与大赛对手相近的球队进行热身,提高自己的应对策略与能力。

二、虚拟现实

虚拟现实通常模拟任务的知觉特征,也模拟任务的执行系统,并通过计算机屏幕呈现这些内容。被试的动作可以根据模拟执行系统的动作投射出来,并以一种预期结果呈现。与物理模拟练习相比,这种技术的一大优点是花费少,便于操作,并且这些计算机程序还可以进行修改,因此新的程序不需要再通过尝试错误来获得。近年来,这种借助于计算机技术来模拟实际任务的知觉特征的虚拟现实技术引起了研究者的广泛兴趣。中国科学院计算所虚拟现实技术实验室研制出了面向体育训练的三维人体运动模拟与视频分析系统,这一模拟系统是 2008 年北京奥运会攻关项目,主要为跳水、蹦床、体操等我国的优势项目与准优势项目提供有效的计算机辅助训练系统,并应用于实际训练中,从而更有效地提高运动员训练水平和运动成绩。同期研发的相关模拟系统还有"数字化三维蹦床运动模拟与仿真系统""赛艇运动的计算机模拟与辅助训练系统""射击三维模拟练习系统"等,高科技已经广泛应用于运动技能的模拟练习中。

以乒乓球为例,物理模拟中对手模拟训练是很广泛的,对对手技术、战术的模拟有助于运动员赛场比赛。在训练中,教练根据比赛安排,事先了解其他参赛队伍的整体人员情况,通过多媒体方法分析其整体技术水平、人员可能安排情况及技术风格特点,通过分析,选择技术特点相像的队员充当对手。在比赛中,战术运用适当与否关乎比赛成败,教练员播放对手比赛视频,让运动员认识对手的战术风格,通过模拟训练让运动员重点掌握抢攻及相持段应对技巧,重点训练自己的薄弱环节,让运动员在赛场上轻松应对,掌握比赛节奏。

除此以外,还有比赛场地、时间及气候的模拟法。运动员们常常会去到不同的国家和不同的地区参加各种比赛,比赛场地会有所不同,如木质地面或可移动塑料地板等,而且对于出国参加比赛,国内外存在一定的时差,在赛前训练时,教练往往会根据国内外的时差,合理调整训练时间,提前模拟让运动员及早适应比赛环境,不会被其影响状态及成绩。在乒乓球模拟训练中,抗干扰训练和比赛过程的模拟也是至关重要的。在实战比赛中,观众的反应在一定程度上会影响运动员的心理状况。同样,在比赛过程中,局比分或单局比分一直处于落后或领先状态,运动员在场上可能消极应战或是过分自信从而导致比赛的失败,教练对于这种情况,会在平时训练中对此进行模拟,培养运动员在比分落后时不沮丧气馁、在比分领先时不骄傲,快速调整心理状态,以舒适的状态去应对比赛,改变劣势的局面或是保持警惕,直到比赛胜利。

乒乓球技战术水平是一个综合的能力,通过模拟练习可以使运动员提高乒乓球技术以及临场发挥能力,培养强大的心理素质,提高抗干扰能力,更有利于运动员有目的地培养个人的技战术意识。

综上所述,模拟练习法是一种应用非常广泛且十分重要的技能练习方法,尤其是对危险性和复杂性高的任务学习。模拟对程序性知识的学习相当有效,模拟练习已经从直接的模拟技术、模拟对手与环境走向虚拟现实,在各大运动中相继被运用,对于运动技能的提高有着强大的帮助作用。然而,虽然虚拟现实技术与实际的技能训练以及模拟器训练功能非常相似,但对它的有效性研究才刚刚开始,并且很多证据都来自实验室研究。再者,模拟练习的技能与真实情景中的技能特征有一定的区别,其最大价值就是促进技能程序性知识的迁移,因此,在实际应用中须谨慎对待。

运动技能的保持与迁移

运动技能保持与迁移是指学到的技能可以迁移到另一场景中去。例如,训练是一种形式,训练的成绩是否可以转移到比赛中去? 如果可以,这种迁移就称为技能的正向迁移,这一过程就叫作技能的迁移。经常会听到有的教练说,这个运动员是训练型运动员,那个运动员是比赛型运动员。这种说法实际上是指有些运动员在训练的时候成绩很好,但在比赛中成绩却发挥不出来,也就是说,他们的训练技能不能迁移到比赛中去。而有些运动员却能将训练技能迁移到比赛中去。使运动员在训练中所学到的技能迁移到比赛中去,这就是运动技能迁移的概念。在运动技能学习中,运动技能迁移是一个核心的内容。教练每天训练的目的就是希望运动员的运动技能可以迁移到比赛中去。

第一节　技能的保持与迁移概述

技能学习的过程就是一个记忆的过程,我们所学的运动技能信息都会被储存在大脑的长期记忆里,在需要用时可随取随用。有效地学习、储存及获取所储存的信息为运动员需要时所用。在技能学习中技能的遗忘与保持是关键。

一、运动技能的遗忘与保持概述

(一)遗忘的概念

一种运动能力的获得是学习,而遗忘通常是学习的对立面,意味着某一运动能力记忆的丧失。运动能力的获得与丧失有着不同的过程与原理,但这两个术语指的是能力在不同方向上的变化,遗忘与学习都是与理论结构相关的术语。学习是一种构建,而遗忘是记忆的丧失,因此遗忘是一个理论性概念,而不是一个行为、思想水平概念。

在理论层面上,动作的学习就是运动能力的获得,而遗忘则是运动能力的丧失。在行为水平上,动作的学习是操作能力相对持久的获得,而遗忘则是操作能力(或保持)相对持久的丧失。

(二)保持的概念

保持一般表现为识记的内容随着时间的推移而呈递减的趋势,甚至遗忘。在动作技能领域则是指技能的保留或缺失,是行为水平而不是理论水平上的概念。保持可以说明记忆是否已经丧失,确定保持的测验称为"保持测验",在练习结束的一段时间后操作。如果保持测验的操作与学习刚结束时一样熟练,可以认为没有出现记忆丧失(没有遗忘);如果保持测验表现得很差,就可以确定出现了记忆的丧失。但是,因为关于记忆的测验(保持测验)是一种绩效测验,容易受很多因素的影响,引起操作上的变化,所以,由于某些暂时性因素如疲劳与焦虑,可能影响保持测验中的成绩,却被误认为已经发生了记忆的丧失。

二、运动技能迁移的基本知识

(一)运动技能迁移概述

运动技能迁移,也被称为"动作技能迁移"。在学习和掌握众多动作技能的过程中,已经学会和掌握的前一动作技能,对正在或将要学习的后一动作技能所产生的影响与联系。影响迁移的主要因素包括不同运动技能之间的共同要素,技能的熟练程度,对知识和经验的概括水平。主要有正迁移、负迁移、直接迁移和间接迁移等。

(二)以足球为例的运动技能迁移机制

根据足球教学中的各项目动作之间的纵横关系进行教学内容的安排,将那些具有高度概括性的基本概念、原理以及基础性的内容作为教材中心,按照由浅入深、由易到难的原则做安排，反映出了知识技能、技术的逻辑结构。这样的教学结构不仅可以简化知识，而且可以产生新的知识，并有利于知识、技能的应用，对以后学习其他的内容做了较好的铺垫。

在足球教学中，要获得迁移还应重视各学习内容之间的横向联系，加强对动作之间在技术、技能方面的理解；同时还要注意避免他们之间的干扰。运动技能的迁移源于学习过程中的迁移，人类在学习运动技能过程中的条件反射是建立新运动技能的条件反射，乃至新运动技能动力定型的基础。

在原有的已经建立的运动条件反射过程中出现的反应，在学习新的运动技能时，施加相似刺激会引起相似反应，运动技能的正迁移也会随之发生。也就是说，练习者以前所拥有的运动技能与下一项将要学习的运动技能之间在结构、顺序、环节上相似度越高，就越容易产生正迁移。过程中能够举一反三、触类旁通就是利用了运动技能迁移规律。通过伊万·巴甫洛夫的条件反射理论也可以解释运动技能迁移发生的原因。新旧两种运动技能在基本动作结构、动作顺序和环节上相同，只是动作的细节不同，因此在学习新的技术动作时，如同新手刚接触足球，一般都是以惯用脚为右脚来触球、传球，当进行最基本的右脚触球和右脚传球，在进行学习右脚射门的时候就更能顺理成章地实现，只需通过不断地加强训练的次数和难度，就能达到一个理想的效果，这就是一个正迁移的过程。反之，当惯用脚为右脚的人，想要学习用左脚传球和射门，就会受到一些阻碍和干扰，使动作不能顺畅地进行，这就使得从小的动作开始慢慢地练习，先从左脚的原地折叠摆腿，再到左脚的跑动折叠摆腿，然后再接原地左脚摆腿传球，再到跑动中的左脚摆腿传球，然后再通过左脚原地的定位球，向跑动的左脚定位球，再到移动中左脚的射门，这就是一个完整负迁移过程。零迁移主要指的是两个动作之间没有相互影响的地方，既不相似又不进行任何干扰，在足球当中的体现主要为，头球射门和正脚背射门，头球射门主要为长传球和下底传中的一些半空球及高空球，通过头部位置和球的轨迹判断，做出合适的用头部撞击球的一个动作，叫作"头球"。而正脚背射门，是射门当中球速最快的一种，通常是带球，然后正脚背射门，是一些地面球出发正脚背抽射，用大腿带动小腿快速摆动，把小腿绷直，用正脚背击球的中部和偏下一点的位置，它的特点就是球速极快，射门比较有力量。这两个动作的对比，就可以体现一个零迁移的过程。

(三)动作技能的正迁移与负迁移

1. 运动技能正迁移与负迁移的概念

正迁移是指一种学习对另一种学习起到积极的促进作用,两种学习任务或学习情境之间的相似性是迁移的关键。迁移并不总是积极的,因此一种技能的学习对另一种技能的练习起干扰或抑制作用称为"负迁移"。

2. 运动技能正迁移与负迁移的区别

正迁移也叫"助长性迁移",是指一种学习对另一种学习起到积极的促进作用。负迁移一般是指一种学习对另一种学习起干扰或抑制作用。

为迁移而教不仅包括从早期的学习中获得最大的迁移,而且还包括选择各种方法和组织练习以获得当前学习内容的最大迁移和概括。要实现这一目标,首先在教学中,教师或教练要指出技能间的相似性。教师或教练应该陈述清楚本次课所学内容与已学的某一技能存在的相似性。其次,学生在了解了动作技能之间的相似性后,由于正迁移的作用,他们学习新动作技能可能会容易得多。例如,教师可以使用语言指导的方式指出"网球发球中手臂动作与排球扣球中手臂动作相似性"。许多技能有着相似的机械性原理,如在投掷类动作中的转体动作。

在教授新动作技能的同时,教师还应该强调当前学习的技能在未来不同学习情景中的迁移作用,从而获得更好的学习效果。然而,在实际中技能之间的相似性可以促进正迁移,但这种效果并非稳定持续的存在。例如,有研究者发现,在持拍类隔网对抗项群教学中,项目之间的共同要素数量等因素在新技能学习之初主要表现为正迁移,但随着学习的进展,出现了负迁移效应逐渐显现的现象。

负迁移的产生常在两种学习既相似又不相似的情境下,学习者认知混淆而产生的。发生这种迁移,会使另一种学习变得更加困难,错误增加。

第二节　动作技能的保持

一、不同类型技能的保持

根据动作是否连贯,可把操作技能分为连续性操作技能和非连续性操作技能。

(一)连续性操作技能的概念

连续性的动作技能需要完成的动作序列较长,而且在完成活动任务的过程中需要根据复杂的内外刺激连续、不间断地调节和校正的动作技能。连续性操作技能是指一系列的动作一个接着一个、不间断地进行的操作技能,例如跑步,游泳等。其特点是动作的延续时间较长,动作与动作间没有明显可以直接感知的始点和终点、难以精确计数。

(二)非连续性操作技能的概念

非连续性的动作技能只包含较短的序列,可以进行精确计数,并对一个特定的外部刺激做出一个特定的反应。它是由突然爆发的动作组成的。非连续性操作技能是指开始和结束都十分明显,且持续时间相对短暂的操作技能,如射箭、举重、投篮等。其特点是动作延续时间短,动作与动作间可以直接感觉到始点和终点、动作突然爆发等。

二、保持损耗

(一)符号记忆

视觉信息可以提高运动绩效,尤其对那些要求准确性较高的动作,如棒球、射击等。但要保证较高的动作准确性并不一定需要连续的视觉信息,短时的视觉环境记忆可以提供一定的帮助。有研究发展让被试在无视觉信息后的500毫秒以内完成一项快速瞄准任务时，被试能够很好地完成，而当要求被试在视觉信息后的2秒或更长时间来完成这一任务时，操作绩效显著降低，说明短暂的视觉信息不仅可以提高动作准确性，还可以提高动作绩效。

动作操作可以通过感觉存储得到短时间的支持，但这些视觉信息会随着时间的增加，因符号的衰退而从感知记忆中快速遗忘，运动绩效也会随之快速降低。遗忘的痕迹消退理论认为，遗忘是由记忆痕迹衰退引起的，衰退随时间推移自动发生。动作技能的记忆就是要在中枢神经系统留下符号痕迹，这一痕迹的强度随时间的推移而消退，也会随着重复练习而加强。当未来某一时刻需要这一技能或信息时，操作的准确性与中枢神经系统中记忆痕迹强度相关，痕迹越深刻，则信息记忆越清晰，操作越准确。

（二）记忆干扰

干扰是引起保持损耗的重要原因之一。干扰理论认为，记忆痕迹的衰退主要是由其他事件的干扰引起的，总体分为前摄干扰和倒摄干扰。干扰主要发生在记忆信息的储存和试图回忆的阶段，也就是在保持阶段。前摄干扰是指之前学习过的技能对保持和回忆以后学习技能的干扰作用。倒摄干扰也称倒摄抑制，是指后学习的技能对先学习技能的保持和回忆所起的干扰作用。倒摄的意思主要是对干扰之前的记忆产生影响，影响记忆痕迹的回忆，受前后两种学习技能的类似程度、难度、时间的安排以及识记的巩固程度等条件的制约。前摄抑制和倒摄抑制一般是在学习两种不同但又彼此类似的材料时产生的，在对无意义材料的识记中，前摄抑制是造成遗忘的重要原因之一，而对有意义的材料的识记，由于联系较多，较易分化，受前摄抑制的影响可能较少，一个深刻的记忆参数既可以促进又可以降低操作绩效，这取决于任务的需要。

最容易导致原有记忆提前消失的活动，就是添加新的记忆，也就是指将知识一股脑地硬塞进大脑中。也就是说，如果往脑中塞入了过量的信息，记忆的效果就会变差，因为人脑一次能记住的信息量是有限的。像这种新记忆和旧记忆互相影响的现象就叫作"记忆的干扰"。存在于人脑中的一个个记忆片段并不是完全独立存在、毫无关联的。相反，它们是相互关联、相互影响的。有时它们互相抑制，有时它们又互相合作以得到巩固。因此，错误的记忆方法，如毫无准备地将大量知识塞入脑中，就会导致记忆消失，或者使记忆变得混乱、模糊不清,进而造成失误。就运动技能学习方法而言,既有遵循人脑规则的好方法,也有违背人脑规则的坏方法。无视人脑规则、完全乱来的学习只是在浪费时间而已,有时甚至还会起到反作用。方法不同,结果也会大不相同。

(三)热身损耗

许多记忆的下降并非由于记忆破坏造成的,某些暂时性因素可能会影响记忆,如丧失动机、每天的成绩波动、药物的作用以及疾病等。在运动技能的练习或表现中常常可以看到,已经掌握的运动技能在间歇后不能恢复到原有表现水平的现象,这种特殊的运动成绩下降现象叫作"热身损耗"。

热身损耗对运动训练具有重要的启示。如上场前准备活动必须认真做,且准备活动的动作结构、频率等特征应尽量与所要完成的动作技能相似。在比赛间歇过程中,如果利手、利脚时需要休息,可利用非利手、非利脚在临赛前做热身活动,以保持利手、利脚的技能定势。

第三节 动作技能迁移

运动技能迁移是指已经形成的技能对另一种技能掌握的影响。所有体育运动均有其共同因素和不同因素,只要根据其规律,充分运用正迁移作用,就能让已学会的动作在新动作的刺激下,去参与新联系的建立或旧联系的改组,从而使已有联系得到扩充与发展。

一、技能迁移的理论

(一)共同要素理论

该理论提示,在教学中应该注意将具有共同要素或成分的知识、技能,作为一种联结来学习,因为该理论假定,在两者完全不相似的刺激和反应的联结之间,不可能产生迁移或者还会产生干扰。

（二）概括化理论

概括化理论由贾德通过他经典的"射水下靶子"的实验首先提出。两个学习活动存在共同的成分指数是产生迁移的必要前提，而迁移的关键是把两个活动中的共同东西概括出来，只要对一些相关的经验进行概括，就可能实现一种技能或情景到另一个技能或情景的迁移，对已有的经验概括水平越高，也就越容易实现迁移。贾德的观点被后来许多学者的研究得到进一步的验证和认同，同时他们还指出，迁移不是自然或自动发生的过程，而与教学的方法有密切的关系，这样就能够很好地解释为什么同样的教学内容，由于采用不同的教学组织方法，而使效果大为悬殊的现象。

（三）图式理论

1975年，美国心理学家沃伦·施密特正式提出了动作技能学习的另一个理论，他称为"动作图式理论"，且这一理论的重要基础是认知心理学的信息加工相关理论。他的"动作图式"概念中包括动作技能学习和控制过程中的两个成分，即一般动作程序和动作反应图式。一般动作程序是指具有一般固有特征的一类动作的记忆表征，而非一个具体动作或者行动。这一概念能够很好地解释人类协调运动行为的适应性和灵活性。一般动作程序主要包括恒定特征、运动参数。恒定特征是指一套独有的特征，不随所完成动作的变化而变化，包括技能中的相对时间、相对力量和各部分肌肉的顺序；运动参数是指学习者为适应环境变化而改变的一般动作程序的特征，在操作技能之前，必须附加在一般动作程序的固有特征之中。动作反应图式主要提供特定情境下管理动作的特定规则，并会根据不同的情况采用合适的参数，即动作反应图式为一般动作程序提供参数。他认为技能的获得就是练习者获得技能操作规则的过程，即形成图式，完成这种动作的运动程序，只是每次单个动作的参数选择不同。例如，学生在练习足球的传球，开始练习完成15米的传球距离，选择了参数A；完成36米的传球距离，使用参数B；完成24米的传球距离，再使用参数C。随着每一次成功的传球，学习者即把参数值与传球距离相联系，在参数值与传球距离间形成一个一般性关系或图式。千百次的传球之后，图式中各参数与传球距离的关系将逐步稳定而牢固，这时对于一个从未练习过30米距离的传球，练习者能够很容易地根据运动程序中的图式关系，找出对应的参数值，然后用于运动程序中完成动作,这也就是为何我们有时能做出一些以前从未做过的新动作的原因。

接下来以网球运动为例分析图式理论。一般有效的网球运动场地是个长方形,长为23.77米,单打场地宽为8.23米,双打场地宽为10.97米。中间隔有网,网高1.07米,比赛双方各占球场的一方,球员用网球拍击球。一般的网球击球技术主要有正反手挥拍击球、上手发球等。初学者对于网球技术学习比较困难,动作学习需要一段的时间,且击球力和手型动作难以控制,一不小心就会把球打出场地外面,不管是力度还是角度都很难控制。先了解最基本的握拍,才能为以后的训练和比赛打下基础。在组织变化练习时,要根据学习者动作技能的掌握程度,有计划地安排练习中的变化,做到循序渐进、合理有序、层次分明,而不应该是杂乱无序的。

网球运动与图式理论联系起来,动作迁移也对该运动有一定的影响,如果参与者之前打羽毛球很出众,对于网球运动来说,由于脚步是有一定的相似性,会比那些没有接触过羽毛球的人更加容易,动作的熟悉或者对某一件事情达到了一种熟能生巧的地步,下一步你要干什么,你想做什么,在它到来之前在你的脑子里面已经浮现出一个画面,你不用去想该怎么做,因为你已经熟知动作,和肌肉记忆有一定的相似性。若把你打的每一个球比作一个点,你每打一球,角度和力度都不同,可以把这个角度和力度想象成一个参数,当你下次再打到这个点的时候,你就会有一定的记忆,这个点我打过,应该用这样的力去打,从而不断地熟悉,慢慢地你就会了解场上所有点的位置和参数。施密特的这个图式理论对于很多球类运动同样适用,羽毛球、乒乓球都和网球运动有一定的相似性,他们的存在又有一定的迁移关系。

在生活中,无论是学习还是从事一项运动,当我们重复了千百次以后,这件事情仿佛就在我们的生活中,成为我们生活的一部分,网球运动也是如此,当你每天练习发球100次,坚持5年,每天不断地去打球,对打,对墙练习,日积月累,5年之后在你脑子里就会存在一个数值关系,该用多大的力度去发这个球。这个理论也说明了我们在学习的过程中,会形成一种图式,它是一个阶段性的过程,其出现有些时候能让我们无形中学习一些新的东西,运动技能迁移理论时时刻刻在我们的生活中影响着我们,因此我们可以利用这个理论不断学习,探索更深的体育知识。

二、正迁移的产生机制与促进作用

(一)正迁移产生的机制

正迁移是指在学习过程中,学习者能够将先前学过的知识和技能运用到新的任务中,从而提高学习效率。首先,技能和情景构成的相似性是正迁移产生的重要因素之一。当学习者在一个任务中所需要运用的技能和情景与另一个任务中所需要运用的技能和情景相似时,就会产生正迁移。例如,在学习打篮球时,如果学习者已经学会了运球和投篮等技能,那么他们就可以利用这些技能来打其他相似的球类,如足球或橄榄球等。同样地,当一个学生在一个特定情境中学习了一项技能,而在另一个类似的情境中又需要运用这项技能,那么他就能够迁移这项技能到新的情境中。所以,技能和情景构成的相似性是正迁移产生的重要因素之一。其次,认知加工程序的相似性是正迁移产生的另一个重要因素。在认知过程中,认知加工程序包括记忆、思维、注意、推理等。当学习者在一个任务中使用的认知加工程序与另一个任务中使用的认知加工程序相似时,就可能产生正迁移。这是因为,认知加工程序的相似性可以帮助学习者将先前学过的知识和技能运用到新的任务中。例如,在学习足球技巧时,如果学生已经学会了传球和射门等技巧,那么他们就可以利用这些技巧来踢其他相似的球类,如篮球或橄榄球等。同样在学习田径时,如果学生已经学会了跑步和跳跃等技巧,那么他们就可以利用这些技巧来参加其他相似的田径项目,如跳远或三级跳等,这样就可以更快更有效地完成运动任务。

总之,正迁移是一种重要的认知现象,其产生机制主要是技能和情景构成的相似性以及认知加工程序的相似性。这些因素的存在可以帮助学习者更快更有效地学习新知识,提高学习效率。因此,研究正迁移的产生机制具有重要意义,可以为教育工作者提供有效的教学策略,为学生提供更好的学习环境。

在教学设计上,教师可以利用正迁移的原理,通过增加情景和技能的相似性来提高学生的学习效率。例如,在体育课程中教授跑步技巧时,教师可以利用学生之前学过的跳跃技巧,帮助学生理解跑步技巧。这样可以让学生更快更有效地学习新知识,并提高学习效率。此外,研究正迁移的产生机制还可以帮助我们了解认知过程的机制。研究发现,正迁移是通过记忆重构和自我调整来实现的。因此,研究正迁移的产生机制不仅可以帮助我们了解学习过程中的认知机制,而且可以帮助我们了解记忆和自我调整等认知过程。

1. 技能和情景构成的相似性

如果两种技能或两种技能操作情境的构成有很多相似之处,在它们之间将会产生大量的正迁移。就技能构成的相似性而言,一种观点认为"相似部分"是与一项运动技能中任何能够看得见的部分相关的,如一个上臂动作或一个击球动作。有研究指出,篮球与手球这两个项目之间存在着许多相互迁移的共同因素,篮球对手球的积极性迁移更为明显,对具有篮球基础的运动员进行手球专门训练可提高运动成绩。武东海等通过分析网球与羽毛球技术之间存在的共同点和不同点,论述了网球与羽毛球之间存在的迁移现象。同时指出了促进正迁移避免负迁移的具体教学方法。由此明确这些运动技能间"相似部分"可以在实践中提高新技能的学习效率。还有一种观点认为"相似部分"是与任务特定的协调动力学理论有关,例如,从一个运动控制的动力学模式来看,相同任务之间相同的趋势和相关关系将促进正迁移的发生。在一项虚拟现实在运动技能训练情境中的研究发现,参加虚拟现实练习的被试在某些项目上与真实练习的被试在绩效上并没有太大差异。这项研究除了能够证明迁移的共同要素原理之外,也说明了迁移在运动技能领域的潜在应用。根据技能的相似性假设,与迁移测试情境相似的练习情形肯定会比没有相似之处的练习情形产生更高的迁移程度。

2. 认知加工程序的相似性

正迁移的发生是由于两项技能或两种操作情境所需的认知程序是相似的,它主张通过技能和相关成分的相似性来解释技能的迁移。例如,排球运动中的传球,传 3 号位的快球和传 4 号位的高远球,两种技能操作的认知场景相似,使用的运动程序是相同的,不同的是传球的高度和远度。需要指出的是,训练和目标任务并不需要具有相似的运动成分,关键是训练任务要求有相似的认知加工程序(如注意力的控制或同时操作两个或更多的任务)。

(二)正迁移的促进作用

1. 如何实现正迁移的促进作用

正迁移也叫"助长性迁移",是指一种学习对另一种学习起到积极的促进作用。正迁移通常表现为一种学习使另一种学习具有了良好的心理准备状态、活动所需的时间或练习次数减少；或使另一种学习的深度增加、单位时间内的学习量增加；或者已经具有的知识经验使学习者顺利地解决了面临的问题等情况。

2.正迁移在体育教学与运动训练中的作用

简单来讲，运动技能迁移的含义是人们所掌握的运动技能对将发生的运动技能所造成的影响，使得人体由于惯性而对下一个运动技能造成的正面或负面影响。凡是能够提高训练效果的就是正迁移，在运动技能的训练中，不但要达到顺向正迁移的教学，也要达到逆向正迁移。例如，当发出高远球后实施扣杀动作，前后两个运动技能的肌肉运动、走位方式都类似，这种一气呵成的连续动作就会起到正面的作用，也就是运动技能的正迁移。在羽毛球教学训练中，教师合理运用运动技能迁移，可以较好地提高学生的训练效果。另外，可根据运动迁移的规律，以发挥正迁移在羽毛球教学训练中的积极作用。当学生能将两个运动技能熟练地组合起来，不但可以增强学生训练的信心，还能提升教学训练的效率。

三、负迁移的产生机制和发生情景

(一) 负迁移的产生机制

迁移并不总是积极的，一种技能的学习对另一种技能的练习起干扰或抑制作用称为"负迁移"。负迁移通常表现为一种学习使另一种学习所需的学习时间或所需的练习次数增加或阻碍另一种学习的顺利进行以及知识的正确掌握。负迁移在人类的工作和日常生活中十分普遍，并且负迁移会造成技能学习的损失。了解负迁移产生的机制与情境，才可能有效地规避和利用负迁移。负迁移是人们将旧的学习和知识转移到新的情境中，旧的信息会干扰新的信息获取和任务执行。

在负迁移中，旧的学习会干扰新的学习和经验。大脑有许多获取、存储和检索记忆的固定模式，有时记忆的触发因素会导致混乱。在驾驶员尝试操作一辆新车的例子中，大脑可以识别环境，但不能理解汽车不是通用的，因此控制装置等东西可能会在汽车之间移动。司机可能在学习新控制的格式方面有困难，因为他的大脑一直在重复旧车的旧模式。对于车辆和重型设备的操作员来说，负迁移可能非常危险。一些安全检查表要求操作人员在开始工作之前经历一系列步骤,以便他们能够熟悉控制。例如,在飞机上,旨在确保所有系统正常工作以确保安全的飞行前检查清单对需要在新驾驶舱中适应的飞行员也有帮助。

产生负迁移主要有两种原因。一种原因是技能学习所形成的记忆表象。例如,用一种特定的方法练习某一项动作技能,练习者便会产生一种知觉特征和动作记忆的联系。这种联系逐步变为动作记忆表象的一部分。当一个人在技能操作的具体情境中,看到了记忆中非常熟悉的知觉特征,动作记忆便会以自己以前编辑好的知觉特征和动作记忆的联系方式开始运作,对那些特征做出反应。尽管这种记忆与行为的联系既快又准确,但是当眼前的知觉情境不同于以前已经学会的动作技能时,就会出现问题。正如人们所说,从一种熟悉状态转变到另一种状态是非常困难的,需要进行更多的练习。另一种原因是认知偏差产生的负迁移。在汽车换挡的例子中,如果需要司机在未驾驶过的新车上在相反的位置上换挡,便会产生一时的困惑,不知道该怎么办。毫无疑问,当你在新的键盘(键盘功能键的固定位置发生了改变,如后退键和删除键的固定位置的改变)上打字时,也会有类似的经历。

(二)负迁移的发生情景

1. 运动空间位置的改变

负迁移发生的情境在于当一个旧的刺激需要进行新的但相似的反应时,负迁移就可能会发生。这就是说两种操作情境是相似的,但是运动的特征是不同的。特别容易发生负迁移的两种情境包括运动空间位置的改变和运动时间结构的改变。

运动空间位置的改变会引起负迁移,一项关于体操运动中相似动作学习的研究发现,相似动作之间,方向不同则出现干扰。头部位置的改变会引起肢体状态反射,人体不同方向的运动,头部的变化也不尽相同,因而对肌肉控制的程度也截然不同。然而,有研究者指出,探讨运动空间位置对影响迁移产生的因素还应该考虑到技能掌握所需要的记忆负荷,空间工作记忆负荷对一些技能的迁移没有太多的影响,但语义工作记忆会对与空间有关的技能产生较强的负迁移。

2. 时间结构的改变

已经习得的系列动作的时间结构改变也会引起负迁移。例如,从业余队走向专业队的运动员,必须学习一种不同于他们业余训练时的方式来练习动作技能,这样才能提高技能的操作水平。然而,在这样的情况下,人们以一种新的方式来操作这些技能,就会很明显地表现出一种消耗,即出现技能学习的高原现象。有时改变是很困难的,但随着练习的进行,操作水平开始提高并最终超过以前所达到的水准。

综上所述,正迁移与负迁移的区别在于产生的机制、表现形式、作用、影响等方面。我们要正确应用正迁移,改正负迁移来提高自身水平。

四、两侧迁移的概述

运动技能迁移是个有意思的事情,一方面,关于技能迁移,如你本来会骑自行车,骑摩托车也会比较顺利。这个在拆解基本训练动作时很有用。另一方面,右手会的动作,左手甚至有可能是左脚都有可能很快学会。这种类似于"复制粘贴"的现象逐渐被解释,一个是认知假说,这个观点认为相似的认知加工过程是决定迁移是否发生的关键,能够被迁移的运动任务一般是有认知参与的,也就是问题所说的大脑中处理的部分。同时有个有趣的现象,通过一些实验来看,大脑进行想象练习也会有利于提高练习成绩。另一个是神经肌肉激活假说,这种观点认为在练习过程中,非练习侧的肢体出现一定数量的运动脉冲,而这种脉冲有助于另一侧肢体以后会更快地学会运动技能。从实验来看,这两种解说都得到了有力的支持,所以很可能是多种机制同时协调进行的。当然,正如上面所说的,并不是什么技能都能迁移,而且迁移也带有一定的不对称性,一般来说从优势侧肢体向非优势侧肢体的迁移大于从非优势侧肢体向优势侧肢体的迁移。

(一)两侧迁移产生的机制

认知论认为,从练习的肢体到没有练习的肢体发生正迁移的原因是认知信息。这种重要信息是学习者执行动作技能的核心内容,与执行动作技能的哪侧肢体并无很大的关系。由于对某一肢体进行锻炼需要用到相应的认知信息,这将会使得另一肢体在操作该项技能的时候用到这些相同的信息。

认知论和"共同要素"理论有关,主要研究由经验引起的变化是如何发生的。例如,先后用不同的两只手去操作一项技能,这在本质上是不同的两种技能,如用右手把球扔向目标和用左手扔球是完全不同的两项任务。但是,如果不考虑扔球者所用的是哪一只手的话,它们的技能要素是相同的,即运动程序是相同的。

两侧迁移的神经肌肉激活学说却认为,关键不在于相似的信息加工过程,而应该考虑相似的动作任务结构在大脑两半球之间的迁移。当优势侧的大脑半球支配优势侧肢体执行技能时,潜意识水平产生的运动冲动会为随后非优势侧肢体执行相似的技能提供肌肉运动的感知觉信息,而当非优势侧肢体初步掌握技术动作后,大脑优势侧半球又会由于非优势半球能力的加强通过胼胝体获得更为深刻的记忆"痕迹",提高对动作技能认知和运动感知觉,从而促进技能的掌握。无论是认知学说还是神经肌肉激活学说,在试图分析两侧迁移的发生机制时都强调了动作技能间的"相似因素",因此在技能的实际学习过程中,指导者需要提取不同技能间的相似成分并在引导过程中不断向学习者强调这些因素,这将有利于两侧迁移的发生。

(二)对称性与非对称性两侧迁移

根据肢体两侧迁移量的不同,可以将两侧迁移分为非对称性两侧迁移和对称性两侧迁移。非对称性两侧迁移指锻炼某侧肢体会带来比锻炼另侧肢体更大的两侧迁移量;而对称性两侧迁移指锻炼任何一侧肢体都带来大致相同的两侧迁移量。关于两侧迁移方向的问题,大家普遍接受的观点认为它是非对称的,有充分的证据可以证明从优势肢到非优势肢确实存在着迁移。最初的优势肢锻炼很可能会产生更大的激励因素,鼓励练习者去继续追求和实现其目标——能够利用任意肢体熟练地进行技能操作。

五、部分与整体迁移

有些动作,如体操的单杠旋下,整体性很强,需要身体同时协调配合,分解训练的意义可能不大。有研究者在跳远、铅球、短跑的对称迁移等田径动作技能的研究中发现,田径动作技能系统是一个复杂性系统,强调技能学的完整性,有利于提高技能迁移学习的效果。但也有许多运动技能可分解性很强,将其分为各个不同部分进行分解练习,对于降低学习难度,消除恐惧心理,掌握动作要领,提高技术质量,是十分有效的,即分解练习可将部分练习的效果迁移到整体技术中去。在练习时间相同的条件下,这种先分解后整体的训练效果要明显优于先整体后部分的训练效果。如排球可分为发球、扣球、传球、拦网、扑救等不同技术,乒乓球可分为推挡、正手弧圈、反手弧圈、杀高球等技术,如不进行区分训练,仅进行比赛式的综合训练,很难快速提高能力,这是显而易见的。

练习的一个基本原则是如果动作速度极快,并且动作的各阶段间关联度较高时,最好是让学习者尽快进入整体训练。如排球腾起扣球、拳击出拳、体操空翻转体、足球射门等动作。如果将这些动作分解练习,未必会取得正迁移的积极效果。但如果练习那些动作速度较慢、各部分之间关联度较小的连续动作时,使用分解练习更有效。如乒乓球的高抛发球,可分解为左手抛、右手发两部分,左手先单独练抛球,要高、准,右手先练手腕手指的发力,再将分解动作结合一起练习整体动作,就可能会产生正迁移的积极效果。

六、技能迁移的意义与应用

(一)技能迁移的意义

1.确定技能学习的顺序

从小学到大学,由简到繁的数学技能学习顺序为迁移原理提供了一个非常有用的实际例子,因为数学技能的学习与学校教育课程进展顺序的关系非常密切。教师从认识数字、数字的写法、数字大小的辨别、加法、减法、乘法和除法开始教学,每一步都是建立在先前学过概念的基础上,所以一个人想要解决除法问题需要先知道如何进行加法、减法和乘法的运算。

运动技能的教学也有相同点。当个体要进行技能的学习时,也应遵循技能的迁移规律,按顺序学习技能。学习者在学习那些较为复杂的技能之前应该先学习最基础的基本技能。所以技能的学习需要一个合乎逻辑顺序的过程。

2.明确动作练习的指导方法

学习迁移原理可以明确动作练习的指导方法。例如,一个游泳教师在教学生基本的划水动作时,在学习者尝试水中的划水动作之前,可能使用在陆上训练的方法进行示范与练习,因为陆上的训练会对水中的动作操作产生正迁移。

在体育教学过程中,按照迁移规律进行学习的例子很普遍。例如,在练习整个技能之前先练习技能的一部分。有时教师要求学习者在实际操作环境中操作某种技能之前,会先将这个活动简单化。例如,足球教练让球员学习过人技巧之前,先从应对固定的障碍开始。如果某项技能存在一定的危险性,为了避免危险,教师经常允许队员借助于其他情境来完成该项技能。

3.评价训练与教学的效果

教师或教练若想确定练习模式或指导方法是否有效,一种常用的方法就是进行迁移测试。迁移测试将会提供最好的评估效果。学生或运动员在训练过程中的成绩可能超越或低于这个人实际上所达到的水平,所以应该有一个有效的评估方法。可以通过设置不同的练习或比赛环境来评估环境对学生或运动员动作技能迁移产生的影响,对于教练来说,通常可以以竞赛的方式使运动员将训练中的动作技能水平发挥在比赛中,对于体育教师,测试可以在一个技能测试或竞赛中实施。

(二)技能迁移的应用

对于迁移的种类,正迁移是指已经掌握的运动技能对新运动的学习产生的正向促进作用。例如,掌握了篮球技术,手球学习难度就会降低;脚背正面踢球技术的掌握对脚背外侧踢球具有促进作用;掌握了跳山羊,很快就学会了跳箱技术。负迁移是指已经掌握的运动技能对新运动的学习产生负面的阻碍作用。例如,会骑三轮车的人在学习自行车时就会比完全不会骑车的人更难,因为三轮车的平衡技术给自行车的学习带来了干扰,妨碍了自行车平衡的掌握,但是,负迁移不是永久的,它是可以通过锻炼来逐渐消除的。零迁移是指前后所学的两种运动几乎没有任何关联性和相似性,不会产生任何其他影响。

根据上述影响技能迁移原理的因素,来阐述如何在体操教学中应用迁移原理。体育教师和教练员在指导练习者学习运动技能时,注意运动技能的相互作用,应用好迁移原理,可以取得事半功倍的效果。

1.尽量避免干扰,强化正迁移

新的技能应当是在过去学过的技能基础上学习的,过去学过的技能应当为新的知识、技能学习作好铺垫。因此,在制订教学计划时必须安排好教学内容的顺序,使教学内容的联结达到最佳化。尽量把那些刺激相似,反应相同的技术安排在同一单元进行教学。如跳山羊、跳马可以衔接安排等。而在同一次课的教学当中,合理安排教学顺序同样重要。例如,在前滚翻、鱼跃前滚翻和挺身鱼跃前滚翻教学过程中,应先学习前滚翻,再学习鱼跃前滚翻与挺身鱼跃前滚翻动作时就比较容易掌握动作要领,许多学生在学习时往往会直接学习鱼跃前滚翻,整体学习下来,导致技术动作不稳定,动作不标准。先学习前滚翻可以让我们正确掌握翻滚时的动作要领,以促进后面动作的学习。

2. 不断巩固已学技术,为新技术的学习创设良好条件

据前所述,先前学习的技能不断巩固,获得的迁移量也较大。因此,在学习新技术的同时不断巩固已学的技术,加强先前技术的练习,尤其是与新技术有着刺激相似反应相同的技术,是很有必要的,这往往会节省掌握新技术的时间,提高新技术掌握程度。例如,我们在学习倒立前滚翻的时候可以先复习前滚翻完整动作,不断巩固已学的动作,再去结合倒立的动作。这对于倒立前滚翻的学习与提高有很大的帮助,正迁移量也不断增强。此外,在新技术教学同时不断地复习巩固已有的技术,不只对新技术的教学有帮助,同时也提高了原有的技术水平和练习者的认知能力以及知识经验概括能力,这些都对学习新的技术过程中技能的迁移起到不可忽视的作用。

3. 合理控制运动量,将疲劳降到最低点

疲劳会使新技术的学习和任务的完成受到干扰,但是在运动训练尤其是比赛前的集训中,疲劳是不可避免的,因此,只有在必要时,如赛前或新难技术的教学前尽可能将疲劳降到最低点,才能保证任务的完成。

4. 体育教师和教练员的有效指导

(1)口令、提示语、口诀等语词的运用。这是运动训练与体育教学中重要的不可或缺的方法。练习时,教师或教练员的及时提示,强有力的口令,往往使练习者能够集中注意力,及时纠正错误,振奋精神,对产生正迁移、排除干扰有较大的帮助。如跳马动作根据教练员的口令首先是预备式;其次是跑动(跑),上踏板(上),蹬腿起跳(蹬),腾空(腾),手撑住鞍马(撑);最后是落地(落)。将动作的要领,动作的衔接以及时机很好地展现出来,对于初学者来说,记住了动作步骤,就是做好了向技术操作迁移的准备。

(2)两侧肢体的协调性练习。根据运动技能中存在肢体两侧迁移的原理,在准备活动或课后的调整练习中,可适当地安排非优势肢的练习,一方面提高练习者的协调性,另一方面利于优势肢体的技术掌握,同时又增加了练习的趣味性。

(3)部分教学与整体教学的合理组合。部分教学与整体教学是教学中的

重要手段。值得注意的是,由于不同技术动作的结构特征不同,所需要的教材则不同,但都以国家规定的教材为主,自主开发的教材为辅,而有的则完全由教师自行选择教材,对于教材的应用没有特殊的规定。

学习迁移原理是教育课程设置的一个重要组成部分和一种传授知识的方法,从实践的观点出发,迁移原理是非常有意义的。在实际操作中,充分利用迁移原理,能使教学事半功倍。

控 制 篇

通过长时间的练习和沉淀,运动员对自身特点和项目制胜规律有了足够的认识,能够最大限度地将自身能力通过技术这个媒介有效地在比赛中发挥出来,是一种"驾驭"比赛的能力,是将技术磨合为自己身体一部分的"境界"。本篇主要论述运动技能的闭合控制、协调控制、反馈控制。

运动技能的闭合控制

在高水平棒球比赛中,当队员击中快速飞行的球时,人们并不觉得这是一个非常复杂的动作。但这一动作并非人们想象得那么简单。事实上,大脑控制这一过程是一个极其复杂的过程。要完成这一动作,运动员的神经系统需要将身体的不同部分协调统一起来。要了解这一复杂的动作技能,首先要知晓大脑控制骨骼肌运动的原理。

第一节 感觉系统对运动控制的作用

运动技能的闭合控制系统,实际上就是将外在的运动信息或刺激快速地传递给大脑,同时大脑根据以前学到的知识和技能,迅速做出下一个动作的决定。动作结束后,本体器官立即将运动时的本体感觉信息(如这一动作肌肉收缩的力量、方向、人体在空中的方位等信息)及时地传递给大脑,同时,运动员用自己的视觉和听觉来感受自己做动作的正确性,以便决定下一个类似动作是否需要调节自己的动作结构。

一、感觉系统与闭环控制

(一)感觉系统

感觉是刺激作用于感觉器官,经过神经系统的信息加工所产生的对该刺激物属性的反应,早在两千多年前,就有人将人类的感觉划分为视觉、听觉、嗅觉、味觉、触觉。现代心理学根据刺激物性质及所作用的感官性质,将感觉分为外部感觉和内部感觉。外部感觉接收外部世界的刺激,如视觉、听觉、嗅觉、味觉、皮肤感觉等;而内部感觉则接收机体内部的刺激(机体自身的运动与状态),如运动觉、平衡觉、内脏感觉等。

动作控制的实现主要依赖人体的感觉系统。来自感受器传入的信息对人体的运动具有重要的调节作用,在新动作学习阶段尤为明显。从感觉统合的大脑机制出发,感觉与认知功能的发展与脑成熟进程并进。视觉在动作控制中,因为看得见物体我们才能进行体育运动过程,它在我们日常的生活中与体育锻炼中尤为重要。例如,在进行排球运动中的垫、传、扣动作时,我们需要用眼去判断球的落点、起跳点等。在此过程中还应调动大脑对球的各种时机作出合理的判断,对于该传还是该扣等进行大脑机制的充分调动,以应对球场形势状况。

(二)感觉信息与闭环系统

在人体中,人的身体也像机器一样,有一个比较完整的控制系统,这个运动系统像环状一样首尾相连地运行,在运动中称为"闭合环路控制系统"。人体运动中的闭合环路控制与电路中的闭合控制相似,是由感受系统通过感受器感受外界环境的刺激,然后向控制系统反馈,控制系统再向效应系统做出指令使效应系统做出反应向环境输出的过程,此过程由外界环境的刺激(反馈)开始,到以向外界环境输出(做出反应)为一个循环重复的过程,并且在此闭合环路过程中会因不断地受到外界环境的刺激,感受系统、执行系统、效应器系统会更优化地进行工作。例如,感受系统感受外界环境刺激的速度会越来越快,进行信息整合越来越完善;执行系统接收到的信息会越来越精确,从而完美判断及向效应系统下达指令。效应器做出的反应(动作)能更好地应对外界环境的刺激,将此闭合环路系统运用到人体运动中。闭合环路控制与身体训练相结合能有效提高运动表现。体能是人体机能的运动力,是竞技能力的重要组成部分,是运动员为提高技战术水平和创造优异成绩所必需的各种身体运动能力的综合。因此,体能训练是结合专项需要并通过合理负荷的动作练习,改善运动员的身体形态,充分发挥运动素质,促进运动成绩提高的训练过程,对技战术的发挥、运动员身体健康和运动寿命等,都有着重要的现实意义。

这个理念应用于人体的动作控制系统中,从肌肉、眼睛、耳朵等器官获得的感觉信息,在人体内进行信息加工,进行标准参照和执行系统的比较,再次对接下来的动作做出决策。在体育运动中,闭环控制系统主要见于慢速和高准确性的运动项目,如太极拳、射击等,在动作执行过程中需要利用各种感觉反馈信息进行精确的动作控制和调节。例如,在进行足球 30 米长传的训练中,学生往往会因未曾接触过足球,没有过肌肉触觉的感知精准长传成功的经历,长传时往往会有球踢不起来(高度很低)、球的落点过近、过远的情况。而球的高度很低原因可能是击球位置不对,球的落点过近可能是发力不够、摆腿不充分等,球的落点过远原因可能是发力过猛、摆腿幅度过大等。这些现象的产生是运动中闭合环路控制在足球这一领域中运行不畅、优化不够造成的。在闭合环路控制中,系统目标就是把球长传到前方 30 米处的位置,可是感觉信息整合不够完善,向大脑输入信息有限,大脑也就难以指挥各系统协同完成动作。若通过不断、多次地练习,人体对球的感知会越来越熟,可供的参照也会越来越精准,反馈给大脑的信息也越来越准确,大脑指挥肌肉的行为使运动表现越来越靠近自己的系统目标。通过长期练习后,每一次击球都会做出相应的调整,通过踢球力度、摆腿幅度等的修正,长传精准度有很大提升,几乎每一脚球都能踢到想传送的位置。

而反射性闭环控制也能经过多次反复运动训练使运动水平达到"较高水平",前面讨论的闭环控制是通过意识性信息加工机制进行动作修正的控制模式。其实,人类的中枢神经系统还可以在几乎不需要消耗注意的情况下进行自发的闭环控制,这种"自动"动作的调节中枢位于脊髓和脑干,由于没有意识参与或下意识地动作控制,这种动作调节叫作"反射"。它们以一种固定的模式出现,是非随意的,并且完成过程很快。例如,在羽毛球比赛中要把对方击来的球尽量以最快的球速杀球得分,羽毛球的球数大多超过 200 千米/小时,历史最快的球速为 404 千米/小时。在如此快的球速下,运动选手往往反应不过来(大脑反应不过来),因为人大脑运转速度的极限使人们来不及思考就要做出动作,在不断练习强化,自身凭借对场地的熟悉、球的感知做出反应动作。此现象就是运动达到自动化的水平。

在运动中很少存在开环系统,而在系统动力学模型调试初期,设计者通常可以将反馈环取消,使系统成为开环系统,从而简化问题,易于调整。闭环系统也称为"反馈系统",系统的输入影响输出的同时又受到输出的直接或间接影响。在一个闭环系统中,反馈信息取自系统状态,是做出决策的依据;通过决策控制改变系统状态,而这个状态又影响未来的决策,这个作用过程是连续的、循环的。

在人类运动的时候,各种骑马、射击、打球等复杂的运动都是闭环系统。闭环是自然界一切运动操作过程的基本模式。从原理来看,"开环控制"与"闭环控制"的区别就在于控制系统中有无反馈环节。反馈环节的存在与否,使得控制系统的特性和使用范围千差万别。没有反馈环节的开环控制系统不能检测误差,更不能校正误差。其控制精度和抑制干扰的性能都比较差,而且对系统参数的变动很敏感。因此,开环系统一般仅用于可以不考虑外界影响,或惯性小,或精度要求不高的一些运动场合。存在反馈环节的闭环系统能够适时地检测出控制的输出结果,并将检测到的信息通过反馈环节反映到输入端,调整输入量,使输出量更为准确。基于各项特性,闭环系统被广泛应用于对外界环境要求比较高、高精度场合的运动中。

运动技能的操作过程可以分为相互联系的三个部分:①姿势成分,这是运动的支撑,例如射箭者的手臂需要有稳定的姿势以提高射击的准确性。②射击的移动成分,移动身体朝向技能实施的位置,如排球运动中的鱼跃垫球。③操作成分,这是与其他成分结合在一起互相协调完成技能的主要成分,如在轨迹追踪任务中的手眼协调运动。这些运动往往是在我们无意识的情况下自己做出的反应控制,正是因为闭合环路控制系统中反馈机制的存在,我们才能够完成这一系列的操作过程,并且汲取经验快速成长。可见,闭合环路控制系统对于我们运动操作的意义十分重大。

二、视觉与动作控制

通过视觉,人和动物能够感知外界物体的大小、明暗、颜色、动静,获得对机体生存具有重要意义的各种信息,有80%以上的外界信息经视觉获得。视觉是人最重要的感觉,也是应用最多、最受信任的感觉系统。对一名打字初学者而言,能否看到手指敲击按键对于其准确打字十分重要,学习身体动作也是如此。例如,健美操的初学者若是看不见自己手脚的移动就会很难完成动作。这些例子都说明了视觉在动作操作过程中的主导作用。下面将具体讨论在运动控制中所用到的最丰富也最重要的反馈信息。

(一)视觉信息

视觉为人类提供了环境中各种物体运动的信息以及自身的运动信息,还包括很多用于调节人们的动作行为的动作控制,使之与视觉信息中的环境需求相适应。虽然并非所有的动作控制都需要视觉的参与,但黑暗的环境会对很多技能的操作产生重大影响。

1. 中央视觉与外周视觉

人的视觉由两部分组成,具有极高分辨率的一小块中心区域,称为"中央视觉";具有较差分辨率的大部分主要视觉区域,称为"外周视觉"。中央视觉只能察觉很小区域的信息,仅有 $5° \sim 20°$ 的视角范围,在此视野范围以外部分的视觉信息探测由外周视觉承担。中央视觉区域就相当于将手臂伸展开后手指上一个指甲的大小,或者在大多数视觉条件下,计算机屏幕上 $1 \sim 2$ 个单词所占的区域。这就是人们能真正看清楚的区域。其余的部分都是模糊的,因为这些部分位于外周视觉区而非中央视觉区。

关于中央视觉与外周视觉的功能划分,研究发现,外周视觉为中枢神经系统提供了有关环境以及运动肢体的信息,而中央视觉只提供关于物体本身如大小、形状等信息。例如,一个静止站立的人想要拿起旁边桌上的苹果,首先,中央视觉会集中于苹果来获取其大小、形状等信息;其次,在伸手去拿苹果的过程中外周视觉会看到移动的手;最后,在手接近苹果的时候,会再次应用中央视觉来准确提供抓握苹果所需的信息。

2. 背侧和腹侧视觉

中央视觉与外周视觉在行为控制中的作用是不同的,这与不同的神经生理结构密切相关。视觉系统实际上是由在解剖水平上平行的两个神经系统分别控制的。传统的理论认为,颞叶皮质的视觉通路称为"腹侧通路",或者称"what 通路",因为它是专门负责辨认和识别物体的。顶叶皮质的通路称为"背侧通路",也称为"where 通路"或"how 通路",因为它是帮助运动系统发现和使用物体的。腹侧通路(颞叶)受损的患者不能完整地描述出他们看见的东西,但他们可以去抓物体或者绕着物体走,他们可以看见 where,却看不见 what。背侧通路(顶叶)受损的患者不能伸出手准确抓住物体,即便他们能描述物体的大小、形状和颜色。但最近的研究表明,这种简单的区分方法并不合适,因为两条通路中的细胞有相互重叠的属性。

一种新的理论将两种通路总结认为,背侧通路处理动作视觉,这与动作控制有关;而腹侧通路处理知觉视觉,这与有意识视觉有关。腹侧视觉系统主要作用是对物体进行辨别和对环境进行有意识的分析。用于腹侧视觉系统的初始信息输入只限制在中央视觉,需要聚焦和充足的光线。腹侧视觉系统对于人体注视聚焦的物体很敏感。背侧视觉系统则是专门为运动的视觉控制提供知觉信息的,用于背侧视觉系统的视觉信息是全视野的,不要求聚焦,即使在光线微弱的情况下也能工作。

加工过程中所针对的信息是区分两种视觉系统的关键。对于腹侧视觉系统来说,用于鉴别和识别物体的核心信息是至关重要的,包括从环境中提取的信息和存储在记忆中的信息。相反,背侧视觉系统关注的是如何控制动作系统以及协调环境的信息。例如,当人们在寻找某个物体时,人们使用腹侧视觉系统信息来识别物体,使用背侧视觉系统信息把它拿起来。

知觉视觉与动作视觉的区分,并不意味着仅有背侧通路与动作控制有关,两种视觉的功能可以互相补充。腹侧通路可以参与有意识的动作决定,从而影响动作控制,即腹侧通路通过有意识的视觉间接参与动作控制,背侧通路通过无意识的视觉直接影响动作控制。在网球等运动中,运动员会根据对手的动作对来球进行预判。当问及运动员如何进行预判的时候,得到的答案往往是笼统的,如"根据经验判断""像条件反射一样"等。运动员无法精确回答预判的视觉线索的原因,可由知觉视觉或动作视觉理论来解释。

3. 触前时间

当人的眼睛观察运动物体时,物体的景象在人眼的视网膜上形成一系列连续变化的图像,这系列信息不断"流过"视网膜,称为"视觉流"。视觉流表达了图像的变化,由于它包含目标运动的信息,因此可被观察者用来确定目标的运动情况。例如,当你坐在火车上往窗外看时,可以看到树、地面、建筑等都在往后退,这个运动就是视觉流。所以视觉可以利用视觉流信息判断环境情况,并有助于完成动作目标。

在视觉信息随时间而快速变化的过程中,提供视觉信息对动态信息的加工非常重要。例如,在网球击球时,何时开始动作,何时球拍与球接触,这些信息的获得都离不开视觉信息。在这些情境中最重要的视觉信息就是触前时间信息,指从某一特定时刻到该物体接触到人的持续时间量。触前时间根据视网膜上物体成像大小的相对变化率而定。当人接近该物体时,该物体就会产生一个逐渐变大的网膜视像,当这个视觉图像大到一定程度时,就会产生接触。步态调整同样也是以移动期间的视觉触前时间信息为基础的。例如,女子体操跳马中的助跑、踏板和腾跃动作,运动员会在接近目标前做出以触前时间信息为基础的步态调整。

(二)视觉反馈时间

有视觉参与的瞄准运动比无视觉参与的运动更准确,但前提是有足够的时间加工视觉反馈。视觉反馈的加工需要时间,动作越快,可利用的时间越短,动作准确性就越差,因此探究加工视觉反馈所需时间的问题十分必要。随着运动分析技术的发展,研究者可以对被试使用视觉信息做出更精确的评价。虽然还不能确定使用视觉反馈进行动作校正的最小时间值,但估计时间量在 100～160 毫秒范围内。

(三)视觉与动作预判

1. 视觉与目标拦截

目标拦截在体育运动中很普遍,如羽毛球、棒球和网球的击球等。目标拦截有两种情况,一种是目标固定不动,如足球的罚点球;另一种就是在不断变化的环境中拦截目标,如排球的扣球、羽毛球的各种回球等。

运动环境是瞬息万变的,尤其是对抗性的球类项目,球和环境都在不断地变化,有时要求运动员原地或后退接球,有时又要求运动员跑步接一个飞行的球。在这种情况下,球在飞行,人也在跑动,要求运动员不停地变化视线,通过变化的环境信息来提供反馈,从而做出恰当的动作预判,完成接球动作。运动中的这类目标拦截任务很多,如网球、乒乓球、篮球等。下面将讨论个体是如何根据变化的环境来做出应对动作的。

视觉在目标拦截过程中的主要作用是提供信息,一是在何时拦截目标,即时间接触信息;二是在何处拦截目标,即球飞行的空间特征信息。

2. 视觉与平衡

通过分析周围环境中各平面和成分的视觉流,来确定自己的眼睛、头和身体在空中的位置,以及如何运动。有研究证明,盲人对于姿势的控制要比普通人差,失去视觉的人在站立的时候会摇晃得更厉害。同样,普通人在闭眼站立时也会有更多的摇晃。这都在一定程度上说明了视觉参与了平衡的控制。

3. 视觉和行走

在日常生活中,人们走过繁华的街道,穿过拥挤的街市,却很少撞到物体或他人,跑在不平坦的路面上,会跨过障碍物而选择在平坦的地面上落步,在这些情境中视觉都能帮助人们调整步幅从而顺利地穿过。

田径运动员为了跨越障碍物,跨步的垂直蹬力由起跨点到目标点间的距离决定,而当障碍物是易碎品时,先迈出的腿会采用更大的步幅。当然,在没有障碍物的情况下,视觉流与环境线索的变化同样也会帮助人们调节步态。例如,在穿过低矮的房门时,人们会不自觉地低下头以确保顺利通过。因此,为了安全而顺利地在不同环境中行走,人类不可避免地要使用视觉线索来调整动作。

4. 视觉在动作控制和动作预判中的重要作用

视觉作为人类最为依赖的感觉之一。在运动控制当中,它提供了重要的信息输入。通过视觉获取运动相关环境的空间特征、生物体形状、运动速度等重要信息。例如,在羽毛球双打比赛当中,快速地分辨出是对手还是队友。中央视觉需要意识的参与,其加工速度相对较慢,因此在理解外周视觉与运动控制的关系的时候,有必要引入一个新的概念"光流"。它是指当物体与个体发生相对运动的时候,光线以各种角度从视网膜上流过。光流可以提供关于动作的许多重要信息,如羽毛球看起来变大了就是光流的一种表现。

在刺激识别阶段,中枢系统对感觉信息进行识别,判断是否需要对其进行应答。在这个阶段,来自外界环境的信息内容非常丰富,如通过视觉、听觉、触觉、运动感觉等传递的信息。另外,运动员还将各种信息因素结合在一起。例如,在羽毛球比赛中,运动员在回击对手的高远球时首先要通过眼睛(视觉感受器)观察对手的身体姿势、球拍的运行轨迹和相应肢体动作等获取相关运动信息,预判对手即将完成的动作;随着对手击球动作的完成,运动员还会继续观察球的飞行轨迹,来球的方向、落点。以最终确定反应正确与否。一旦刺激确认阶段提供给运动员足够的有关外界环境性质的信息,应答选择阶段就正式启动。在这一阶段,运动员将在确认运动信息性质的基础上与储存于长时记忆系统中的运动程序和已有的运动知识、运动经验相对比,在许多可能的动作反应里选择某一动作(如接球、吊球)来有效应对对手的技术或战术。也就是说,运动员在刺激确认阶段获得了有关环境刺激的基本信息后,在反应选择阶段,信息加工的任务就是基于当时的环境、对手的技战术特点和自身的状态,从众多的可被选择的反应动作中选择一个有效的反应。

当应答选择阶段的信息加工完成,选择了要做的动作之后,应答编程阶段的信息加工活动就开始了。该阶段的主要任务是对运动系统进行组织以完成所选择的动作。在执行动作前,系统必须在脑干和脊髓等低级中枢中为动作做好准备,从记忆库中提取,并组织好用来控制动作输出的运动程序,这个程序将指挥肌肉以正确的收缩次序、适当的关节屈曲角度和力量、准确的启动时机来收缩,以发动有效的动作。例如,羽毛球运动员在回击对手高远球时,如果选择后场正手击打高远球动作,那么在应答编程阶段,中枢神经系统首先组织编辑完成身体侧身后退至高远球可能的落点,同时手臂上举球拍动作的运动程序,即肱三头肌舒张的同时,肱二头肌完成肘关节打开、上臂平举、小臂上举动作;然后组织编辑完成蹬地转体(腰部肌群)和启动引拍动作的运动程序,即肱三头肌、肩部三角肌继续收缩,完成肘关节打开、上臂后伸内收的引拍动作;随后在确认羽毛球下落至适当高度时,组织编辑完成肩部三角肌和上臂肱三头肌完成肘关节屈曲、肩关节内收上臂带动小臂半弧形的轨迹向下快速挥拍击球的运动程序,即前臂内旋发力,手腕内收以及击球后的随挥运动程序。

视觉在动作预判中具有重要作用。在开放式运动技能控制过程中,人们应对动作反应时间延迟的一个基本方法是预测,也叫"预判"。预判的种类分为技术性预判、战术性预判、行为性预判。典型的情境是,优秀运动员根据环境变化预测将要发生的事件以及在什么时候会发生。而对于那些不大可能发生的事项,运动控制系统就不需要对其作出反应。

三、听觉与动作控制

听觉是声波作用于听觉器官,使其感受细胞兴奋并引起听觉神经的冲动发放传入信息,经各级听觉中枢分析后引起的感觉。听觉是仅次于视觉的重要感觉通道,它在人的生活中起着重大的作用。听觉是一种作用很强的外部感受器,它传递有关环境中各种运动的特征,如黑暗中骑车人的方向、发令枪的声音等。同视觉一样,听觉也能告诉人们很多自身运动的信息。听觉与视觉十分相似,同时提供外部和本体感受信息。一般来说,听觉信息的传递速度比视觉信息要快,但视觉信息比听觉信息更为重要。有些研究者认为,两种信息以相同的方式发挥作用。例如,蝙蝠在黑色的洞穴中飞行时,利用声波信息进行方位定向。从物体反射回来(外部感受反馈)以及自身运动(本体感受反馈)的声音为它们在洞穴中定位提供信息。

在体育教学和运动训练中,应该充分发挥听觉信息的反馈作用。例如,跑步的脚步声反映出跑步者的节奏,球棒的撞击声为棒球运动员提供棒球被击中程度的信息,高尔夫球手通过杆头与球碰撞的声音判断击球情况。研究者经常使用节律性手指动作来研究感觉——动作协调问题,发现听觉示范下的节律性手指动作在目标信号与动作间似乎表现出较高的吻合度,而视觉示范下的效果则较听觉示范差。功能性影像学研究也显示,不同感觉导引状况下的节律性手指动作所激发的脑部活动回路也不尽相同。但是,不同感觉信息是如何影响最终动作表现得还不太清楚,听觉在运动控制中的作用还需要进一步探索。

四、本体感觉与运动控制

(一)本体感受器及其信息传输

本体感受器指位于肌肉、肌腱和关节内的各种感受器,感受身体在空间运动和位置的变更,向中枢提供信息,有人将前庭器官的感受装置也列为本体感受器。本体感受信息是运动控制的基础,运动员的一切运动技能都是在本体感受的基础上形成的。任何一个感受器都不能独立地对身体运动做出有效反应,因为每个感受器只是感受身体运动的一个方向,如高尔基腱器无法区别这个力是由静止收缩产生的还是肢体运动产生的,所以不能很好地感受运动信息。本体感觉对运动准确性的影响是由本体感受器传入中枢神经系统的特殊运动学和动力学反馈引起的。对于肢体错误位置的反馈提供了空间位置纠正的基础,这使肢体能够持续性校正。如体育运动中很多肢体动作需要运用本体感觉来进行调节,瑜伽项目也是如此,姿势控制需要本体感觉反馈,如视觉及肌肉骨骼系统、小脑和基底神经节的活动。

本体感觉和触觉使得人能够在晃动时维持直立的姿势,证明本体感觉在姿势控制中的重要作用。本体锻炼在体育综合训练过程中发挥着重要作用,这主要是因为本体感觉系统能够有效地促进全身在运动稳定状态下改变身体,并根据身体外各种压力负荷随时调节全身的稳定体态。在这一运动过程中,人体神经系统不仅能快速调整肌肉,同时完成各种生理功能,准确控制皮肤肌肉的肌力,而且能作出各种复杂的生理反应。由此可见,本体感觉在体育运动过程中可以产生重要作用。

（二）本体感觉反馈

感觉反馈是一定刺激引起的神经冲动经神经中枢分析和综合,产生的感觉经验又传出神经影响机体的活动。表现为机体的动作和体内植物性神经活动过程的产生,同时这种应答性活动又作为刺激信息向中枢神经系统发出冲动流,从而调节机体的整个反射活动。

1.本体感觉反馈与动作准确性

虽然人体丧失本体感觉反馈仍然能够完成一定的肢体运动,但动作有着明显的局限性。通过这些局限性,可以探究人类动作控制中本体感觉反馈的不同影响。通过相关实验发现,猴子的传入神经被阻滞之后,其攀爬、抓握动作变得笨拙了,在去除传入神经状态下准确指出物体的精确性降低了。

本体感觉对运动准确性的影响是由本体感受器传入中枢神经系统(CNS)的特殊运动学和动力学反馈引起的。对肢体错误位置的反馈提供了空间位置纠正的基础,这使得肢体能够持续地及时校正,而获得空间的准确性,同时 CNS 又会按照这个信息依次将修正位置的运动指令传出,为运动提供了足够的时间去修正。此外,本体感受器还提供有关肢体速度和力量的反馈,以影响运动距离的准确性。

2.本体感觉反馈与动作潜伏期

一项实验对正常被试和因感觉性多神经造成传入神经阻滞患者的运动进行了比较。实验要求被试伸直食指的同时抬起身体同侧的脚后跟,当他们按照听觉信号来完成这项作业时,正常被试和传入神经阻滞患者在以手指伸直为开始的动作完成方面是相同的。如果一般的中枢指令能够传到效应器的话,人们就可以看到这种结果,由于到达手指和脚后跟的传出神经通路的距离不同,手指的动作可能会先于脚后跟。相反,如果让他们以自己的步调完成这项任务时,正常的被试会先抬起脚后跟,这说明他们开始手指运动的时间是以有关脚后跟动作的本体感受反馈为基础的。与之相比,传入神经阻滞患者的运动与其在对情景反应时所做的一样,表明他们是以中心指令作为脚后跟和手指运动开始时间的基础,而不是本体感觉运动反馈。

3.本体感觉反馈与肢体协调

姿势控制需要本体感觉反馈。虽然大量研究证据表明,姿势控制是许多因素相互影响的结果,如视觉及肌肉与骨骼系统、小脑和基底神经节的活动、认知过程、触觉感觉系统和本体感觉,但是其中的任何环节出现问题都会引起姿势功能障碍。本体感觉和触觉给CNS提供重要的信息,使得人能够在晃动时控制以维持直立的姿势,证明了本体感觉在姿势控制中的重要作用。

非最优动作模式的协调受本体感觉反馈影响大。相关实验要求一名有15年传入神经阻断的成年患者,前后有节律地移动控制杆,持续100秒。患者选择运动幅度以保持一定的频率运动,其可以很好地保持这一运动模式,甚至在其不能看到运动结果时也能保持。但是,当要求其以同样的频率而运动幅度增大95%时,发现其在维持频率的同时不能很好地保持增大的幅度,因为这个幅度超过了其最优幅度。而这一实验对于正常的成人来说,保持两种情况的频率和幅度都没有问题。

4.本体感觉与篮球运动控制的联系

篮球运动中各种技能的完成需要精确的感觉,准确的判断,敏捷的行动,而人体中的各种感觉对其的完成都有着一定的作用。但最重要的是视觉和本体感觉,特别是运动员在学习、掌握、改进、提高运动技能的过程中,本体感觉起着重要的作用。正如苏联专家曾指出练习和操作过程中,动作的精确性和运动协调性的改进,是由运动分析器得到锻炼的结果。可见,学习者在技能的形成中,先是根据肌肉运动感觉表象来监督自己的行动。目前,绝大多数的运动员和教练员都非常重视各项技术的心理训练和身体素质的发展,战术意识的培养以及战术的训练,而对本体感觉在对运动技能的形成和提高方面的作用认识不足。

本体感觉技能的提高使运动技能的水平随之提高,如篮球各项技术动作熟练后,常可不用视觉来完成复杂的动作,美国的神投手约翰尼·纽曼的投篮技术达到自动化的程度后,蒙住眼睛进行罚球表演命中率达80%,这都是运动员充分利用本体感觉完成对球的控制的表现;再如篮球运动员跳起在空中完成抢篮板球后的转体动作时,本体感受器的传入冲动,对时间和空间的感知,对正确完成复杂的动作有重要作用。本体感受器冲动能产生的反射效应,就是肌肉活动的协同,协调反射活动的基本神经机理,它调节全身肌肉紧张的反射姿势,即本体感受器的反射,所以,适用本体感觉可促进并加快运动技能的形成,同时,还有助于运动技能的提高与创新。运动技能是指在准确的时间里,以一定顺序正确地运用肌肉,轻松有效地完成所要求的专门动作,任何一个运动技能,前一个动作结束的肌肉感觉都是后一个动作的刺激,因此运动技能的形成就是建立复杂的连锁的运动条件反射。它是属于在大脑皮质参与下的肌肉活动的随意运动，外部表现归结为肌肉运动，其生理机理是运动技能的形成以感受开始，以心理活动为中枢。以肌肉的效应活动来实现，它是神经肌肉协调工作的结果。但这一过程的实现，必须借助于本体感受器的传入冲动，没有这种冲动的传入条件，刺激得不到强化，前一个动作结束时的肌肉感觉就不能成为后一个动作的条件刺激，由运动中发放神经冲动传至肌肉效应引起活动的这个复杂的条件反射就不能形成，运动技能就不能掌握，故此本体感受器传入冲动是运动技能形成的最基本前提。

篮球运动技术动作的特点是一切运动技能的形成都需要通过一定的肌肉感觉感知有机体的情况，从而建立正确的动作技能。篮球运动是一项综合性项目，它不仅具有与其他项目所共有的跑、跳、投等运动技能和及时对场上变化莫测的情况进行分析判断的能力，而且还有与之不同的最大特点，即在激烈的对抗中，在千变万化的情况下，能很好地控制球的能力。由于篮球运动是在对方的阻碍干扰下完成投篮、运球、传球等基本技术。因此，篮球运动中的动作技能不像其他运动项目，其不仅通过本体感觉建立有机体自身的动作，还要通过本体感觉控制自己所支配的球，所以，篮球运动员的本体感觉要强于其他运动项目。本体感觉机能越好，在完成运动技能时运用得越充分，越能促进篮球技术的形成和发展。由此可见，运动水平越高的运动员，运动分析器的功能越强，并能精确地控制球、支配球，而运动水平较低的运动员，本体感觉机能较差，因而控制球、支配球的能力则差，运动员对运动机能的掌握就不好，可见本体感觉机能的好坏直接影响篮球技能的形成和提高。综合上述，在掌握技术的过程中，无论是在建立技术动作的辅助练习，还是在提高技术动作的各种综合练习时，首先是借助本体感觉建立正确的肌肉感，体会正确动作的肌肉用力，然后充分利用初步形成的正确的肌肉感去区别正确和错误的动作。从而促进运动技能的形成和提高。在投篮教学与训练中，我们必须遵循上述规律，运用本体感觉来建立和提高技术技能，这也是篮球技能中不可缺少的重要因素之一。

五、前馈对动作系统控制的影响

在动作产生前进行预测并采取措施，使可能出现的偏差可以事先解决的控制方法叫作"前馈控制"。前馈控制虽然也是通过信息反馈来实施控制。但这种信息反馈是在动作开始前,通过综合分析提前校正程序,是以未来为导向的。例如,人们骑自行车爬坡前,为了保证爬上高坡,都会在上坡前加速,最终成功冲上坡顶,这是典型的前馈控制。前馈控制在技能操作中普遍存在,一般有以下两种情况:①系统准备执行即将到来的运动命令;②系统准备接收某些特殊的反馈信息。下面介绍四种运动过程中的前馈控制。

(一)扫视眼动

扫视眼动指眼睛快速地从一个注视目标转移到另一个注视目标。扫视眼动也称眼急动,是一种自主性反射作用。人类有专门的扫视眼动系统控制快速的随意眼球运动。

在人类行为的产生与评价过程中存在大量前馈控制情境。前馈控制最早研究主题就是探讨眼睛快速浏览后的视知觉机制问题,即眼睛快速地从一处转移到另一处,眼睛在快速浏览前后落在视网膜上的光线模式是不同的,然而人类为何能够准确判断图像是因眼睛运动还是由环境运动引起的?因为在这两种情境下,视网膜上的视觉流模式是相同的。

视觉系统提前获知了即将到来的运动,因此改变了视觉输入的方式,从而可以做出恰当的评价。这些前摄信息已经被预期或有效复制,即眼肌复制的动作指令同样也传到了大脑的某些区域,在此对所接收的视觉信息进行评价,并对视网膜上有关动作的图像进行修正。但这一系统是如何工作的,仍需要进一步探索。

(二)肢体控制中的输出复制

输出复制指运动系统在发出动作执行命令的同时,也将这一命令复制一份传输到大脑的感觉中枢,用于动作执行的分析与控制。输出复制机制在动作的控制或评价过程中是同时起作用的,这也是前馈模式,对动作的产生和完成中起到调节和控制作用。传入肌肉的信息也同时传向大脑,在神经系统中形成最初的感觉。可能这一传输活动的目的是要"告诉"感觉系统,运动系统的命令是什么并准备接收反馈。输出复制的功能好似建立一个标准参数,以便与反馈信息进行比较。

(三)预备姿势反应

预备姿势反应也是一种前馈控制。假设要求一名被试在手臂放松地立于身体侧面的预备姿势下,听到反应信号后快速地举起前臂。对于这一简单动作,按照动作反应时规律,肩部肌肉产生举臂动作的 RT 大约需要 200 毫秒。相关学者通过实验记录了支撑腿的肌肉和这一动作中肩部肌肉的 EMC,结果发现,这一动作最早的肌电图活动信号出现在运动手臂对侧大腿的股二头肌上,这一肌电图要比肩膀 EMC 早 60 毫秒。腿部发生的这种 EMC 并不是为了快速举起手臂而产生的,因为这些活动比所有肩部肌肉活动要早。运动系统在举臂之前向调节腿部肌肉组织的脊髓发出前馈信息,目的是让腿部准备好,在手臂开始运动时做好协调与平衡。当人们平静地站立时,一个突然向前上方的动作将会导致人体重心的前移,从而失去平衡,但通常人体会通过前馈分析做出某种补偿动作,所以一般不会发生身体的移动或跌倒,这是一个典型的前馈动作控制。由此,证实了前馈信息是整个控制系统的一个组成部分。

(四)动作控制的前馈模型

当人体开始运动时,对运动结果的预期"模型"也随之产生,称为"前馈模型"。因为人体在实际感觉结果产生之前就已经对动作感觉结果有了预期。正如自己挠痒痒时,如果实际的感觉结果与期待结果一样,就不会产生痒的感觉,而当别人挠痒痒时,实际的感觉结果与期待结果不一样,因为对这一动作没有预期,就无法进行比较,结果产生了痒的感觉。

同样,在大部分的运动操作时,动作一旦开始,预期结果便开始与实际情况进行比较,并可以在最短的时间内对错误进行修正。与传统的基于反馈的控制理论相比,动作控制的前馈模型避免了很多的加工延迟。

第二节　中枢控制与开环控制

技能学习是一个通过外在刺激信息和内在刺激信息的比较、纠正,再比较、再纠正的过程。技能训练的实质就是迅速、准确地做动作的过程。而做技能动作前,需要大脑准确、快速地做出决定,从而将信息传递给肌肉,最终做出正确和快速的动作,中枢控制与开环控制是运动技能得到有效控制的关键。

一、中枢控制与开环控制系统

(一)开环控制系统

1.开环控制模型

开合环路控制是指无反馈信息的系统控制方式。当操作者启动系统,使之进入运行状态后,系统将操作者的指令一次性输向受控对象。此后,操作者对受控对象的变化便不能进一步地控制。采用开环控制设计的人机系统,操作指令的设计十分重要,一旦出错,将产生无法挽回的损失。如投篮——篮球出手后就无法再继续对其控制,无论进球与否,球出手的一瞬间控制活动即结束。它的优点是系统的输出量不会对系统的控制作用发生影响;缺点是没有自动修正或补偿的能力,没有反馈环节,系统的稳定性不高,响应时间相对来说很长,精确度不高。

开环控制的运动指令是预先制定好的,执行时不受周围环境变化的影响。关于开环系统的典型例子就是交通信号灯,红绿灯的交替出现由程序控制,不受具体时段的交通状况变化影响,即使出现交通事故或堵塞,通行模式也不会有适时的调整。然而,交通信号灯的工作模式可以通过设定提前调整,如在高峰时期,通行系统可以设计成南北方向绿灯时间周期比东西方向长20%,这种时间上的修改只能在程序设计编程时提前设置。除了机械的开环控制,人类的很多运动都涉及开环控制模型,如飞镖运动,当投掷者扔飞镖时,用于精准投掷的手臂运动由运动指令决定,该指令在手臂运动发生前就已经形成。在一个典型的开环控制模型中执行系统与效应器系统同闭环控制系统相似,但是执行过程却没有反馈与标准校正部分。在特定的时间,人体将编制好的执行程序指令传递至效应器系统,效应器系统完全贯彻执行,即使过程有误也不进行矫正。

2.反应链假说与证据说明

最早对运动控制进行理论解释的是心理学家威廉·詹姆斯,他提出了对今天仍有一定影响的反应链假说(又称为"反射链假设")。反应链假说认为,运动开始于由内外信号引起的肌肉收缩,肌肉的第一次收缩产生了感觉信息(由反应产生的反馈),这一反馈作为刺激信息在"链"中又触发了下一次的收缩。第二次收缩又有了其自身的产生式反馈,再引起第三次收缩,以此类推,直到序列中所有的收缩动作完成,运动由四个行为部分组成,整个过程仅持续100毫秒或几秒钟。这种反馈可以来自不同感受器,如肌梭、关节、视觉和听觉等,但足以引起一处甚至多处肢体反应。詹姆斯用该机制解释了动作技能是如何按一定的顺序操作的,反应链保证了第二次收缩不会发生在首次收缩之前。通过这种机制可以计算对熟练技能的收缩间隔时间,这样的时间间隔将取决于在不同感觉传入过程中的时间延迟,以及相对稳定的形式在各个反应间产生固定的动作。这种模式更适合于连续性的任务,如启动汽车、扣扣子。某一熟练运动一旦形成便很少再需要意识性控制。根据反应链假说,只有在启动第一个动作的时候需要注意的参与,其余的动作都可以"自动"地进行。除此之外,在学习动作技能的过程中,一个反馈结果与下一个动作产生之间的连接是提高技能的基本要素。

可以通过检验在产生运动的过程中感觉信息的作用来考察反射链假说的原理。如果感觉信息消失了(或延迟、减弱),其结果将因为启动机制被破坏而导致技能的变形或丧失。目前有两种暂时阻止感觉信息传入脊髓的方法(如血压袖套法、局部麻醉注射)和多种永久性神经阻滞方法。尽管反应链假设中包含反馈成分,但它实际上是一个变相的开环控制模型。在闭环系统中,执行层面会对所产生的错误进行校正,误差可以通过计算实际状况与期望状况或参考标准的差异获得。然而,在反应链假设中没有可以对反馈进行比较的标准参考,反馈只是用作启动序列中下一个动作的触发器。这是一个开环系统,因为起始的刺激固定了动作链,反馈与序列中下一动作的固定连接确定了随后的动作。同时,如果发生错误或者环境变化了,开环运动将无法像闭环控制模型一样对运动进行调整。

3. 开环与闭环控制系统的比较

开环控制是指无反馈信息的系统控制方式。开环控制系统是指一个输出只受系统输入控制的没有反馈回路的系统。在开环控制系统中,不把关于被控量的值的信息用来在控制过程中构成控制作用。其特点是施控装置指挥执行机构动作,改变被控对象的工作状态,被控量相应地发生变化,而这种变化并不再次构成施控装置动作的原因,即控制信号和被控量之间没有反馈回路。为了选择一个控制力,重要的是要用到关于扰动对被控量影响的信息,而不是关于扰动本身的信息。所以,可以不用直接测量扰动就组织起一个控制。只要监视由扰动对被控系统造成的偏差就行了。因此,控制信号也可以由被控量离它预定值的偏差的信息产生。所有的手动控制、大多数的程控与数控机床、时间程序控制都属于开环控制。这种系统的输入直接控制着它的输出,它的装置简单,成本较低,可以排除许多闭环控制系统中存在的稳定性问题。当扰动在某种程度上来得及影响被控系统的值之前,控制力就直接按照扰动的变化而变化。但它的抗干扰能力差,使它的控制作用受到一定的限制,精度较闭环控制系统要低。

在运动技能的学习层面,两大系统的最大区别在于对反馈信息的利用,在闭环控制系统中,反馈用于对正在进行的运动做出修正;而在开环控制系统中,预编动作程序已包含所有的必要信息,使效应器完成指定的运动,不利用反馈对运动进行实时控制。需要注意的是两大控制系统只是描述了中枢及周围神经系统发动及控制动作的不同方式,并没有为复杂的人类运动控制过程提供精确的描述。

快速动作的校正可能主要是通过来自运动结束的反馈与正确参数的比较,然后进行肢体正确位置的校正,即通过开环进行控制。从开环控制的观点看,所有按计划启动和实施动作所需的信息均包含在传送到效应器的初始指令中,指令发出就没有时间校正了,动作的完成好似被"抛"出,动作正确与否只有等到结束后,根据动作操作的记忆痕迹与标准参数的比较,校正只能在下一次动作中进行。例如,高尔夫球的击球动作就是典型的开环控制,动作持续时间短,动作一旦启动基本上无法进行修正,每一次练习都是为下一次校正作准备。

(二)中枢控制机制

"中枢机制"就是指中枢神经系统各部位在情绪发生和变化中的活动规律。无论是大脑皮层或皮层下部位,还是下丘脑或边缘系统,这些部位的特定活动规律都与情绪的发生、发展和变化有关。对人体来说,神经系统主导了一切生理活动的调节,分为中枢神经系统和周围神经系统两大部分。其中,中枢神经就像是人体的"司令部",接收并处理大大小小的工作,离开它,机体便无法正常运转。

关于中枢如何对我们人的身体行动等做出控制,从医学角度来讲,中枢一般指反射中枢,即中枢神经系统内对某种功能活动有调节作用的神经细胞群,如呼吸中枢、心血管中枢等。运动是人和动物维系生命最基本的功能活动之一。

1. 中枢式模拟发生器

中枢神经元为产生动作以一种模式刺激肌肉的运动神经元,这一过程的传导通路叫作"中枢模式发生器"。很多研究发现,通过手术除去周围感觉反馈后,动物仍然能够产生有规律的动作模式,因此提出了动作指令不是由反馈引发的,而是中枢产生的观点。

中枢模式发生器能够产生固定动作的中枢指令。例如,肠道蠕动、心脏跳动、呼吸以及步态等节律运动,都依赖中枢神经系统,它控制着速度,使肌肉活动顺序同步。中枢模式发生器可以自发、独立地产生周期性电信号。这些节律性的放电时序和速率传递给肌肉细胞,从而指挥肌肉协调重复性收缩,从而产生运动。

2. 反射性控制

反射性控制存在于人类的各种活动中,甚至早期的中枢控制理论认为肢体动作模式是由基本反射活动组成的。通常在婴儿身上看到的反射现象是最基本的,多数是由遗传决定的。遗传性反射的最典型例子之一就是交互抑制,即激活某一个关节的屈肌同时伸肌被自动抑制。例如,我们踩到一个大头钉,受刺激腿部的屈肌将身体的重量从大头钉上转移,同时另一条腿的伸肌帮助防止躯体跌倒。关于反射参与中枢控制的研究,实验者将一只猫放在跑台上行走,在其步态周期的不同时刻对其脚趾尖给予微电击,发现猫的腿出现伸或屈不同的反应,这一现象被称为"反射倒置",指同样的刺激发生在运动周期的不同阶段而产生两种不同反应的现象,说明了在个体动作按照既定程序发生的同时,基本的感觉输入及反射会左右其发展的方向,在运动的不同阶段同一刺激会产生不同的结果。在没有刺激发生时,就不会有反射活动出现,由中枢模式发生器控制的运动也表现正常。人的步态以及其他动作行为都包含很多的反射活动,动作系统总是随时随地对外周刺激的变化做出相应的反应。中枢控制的观点认为,面对环境出现不可预料的变化时,反射可以激活中枢模式发生器,从而保证具体动作能够顺利完成,但在正常状态下反射很少参与调节。

3. 脊髓控制

早期关于动作控制的观点认为,脊髓只是简单传递大脑与外周感受器以及肌肉之间神经冲动的通道。随着很多针对脊髓活动的具体研究的深入,研究者发现,脊髓具有相当复杂的动作控制功能,包含行走等动作的中枢模式发生器。脊髓还有对感觉和动觉信息进行整合的功能,这一功能可以为身体的各部位提供前馈并调节各种反射活动。例如,若在右腿伸直的时刻对左腿进行敲击,左腿原先应该发生的弯曲反射就会被中枢发生器抑制;若右腿弯曲左腿在受到刺激后也会发生反射性弯曲,整个反射通路也就被激活。

在一项研究中,被截断脊髓与大脑皮质之间连接的青蛙可以利用足部的运动和感觉信息的传入完成目标动作,在此过程中脑并没有参与任何活动,说明脊髓不仅拥有产生运动的中枢模式发生器,而且可以利用动作产生的肢体变化与感觉调整身体各部位。另一个关于猫被截断脊髓的实验也表明,在大脑不参与动作控制的情况下,外周的感觉刺激可以启动由脊髓控制的程序使猫进行正常的行走活动,在这一活动中对肢体的协调及障碍物的处理皆是由脊髓控制完成的。

4. 中枢控制与反馈信息的整合

中枢模式发生器理论强调动作在没有感觉反馈参与下依然可以发生。然而实际上感觉对于中枢模式发生器是非常必要的,可以提高机体对环境的适应能力。感觉信息的一个主要作用就是在动作之前提供有关动作初始状态的信息。如开始行走前,人必须确定是用右腿支撑还是用左脚迈步。这些感觉信息可能是由不同的本体感受器传入的,它对于选择恰当的开始动作很重要。这些反馈过程对开放性技能的控制很重要,因为环境是变化莫测的。反馈在产生动作的过程中也具有监控功能。来自动作操作的反馈传至中枢并进行加工,但这些加工结果只在动作出错时才参与调节,在一般动作控制过程中并不起作用。例如,弹钢琴时手指的动作序列在弹奏前已经被编程,以开环控制的模式执行。弹奏过程中,来自手指的反馈信息传至中枢神经系统进行分析,中枢神经系统进行错误检查,如果没有出现错误,反馈就会被忽略。但如果反馈显示发生了错误,注意将会聚焦反馈来源,并启动适当的修正程序。反馈对动作的控制是错综复杂的,运动神经元对肌梭不断地进行着修正传导,肌梭的活动通过一连串的修正,保持动作始终处于正确状态。如果要对动作的最后位置做出修正,必须有反馈的参与。在重复性动作中,前面动作的反馈能为后面的动作提供修正信息。在动作完成之后,大量的反馈被传递至中枢神经系统,这类信息通过信息加工阶段进行评估,以判定刚完成动作的情况。反馈信息包括动作是否达到目标、动作的协调性、力量与努力水平、动作的结构与风格等,这些反馈信息的主要作用是对后续动作进行调节,从而减少先前练习中的错误。因此,这类反馈信息是技能获得的重要保障。实际上,就运动系统而言,并非通过中枢系统设定运动程序加以反馈调节那么简单,还要考虑到肌肉的其他复杂方面,如肌肉力量和肢体速度间的非线性关系,再加上使运动系统难以预测和控制的肌肉收缩过程。

下面根据不同运动,来分析不同种类运动员的中枢系统控制。

篮球运动员投篮时的中枢系统传导通路:篮筐→视神经→大脑枕叶视中枢→大脑综合分析→大脑中央前回→椎体束→颈髓→臂丛神经→投篮。

一是上行或感觉传导通路,由感受器经周围神经、脊髓、脑干、间脑、内囊到大脑皮质的神经通路。二是下行或运动传导通路,由皮质发出纤维经内囊、脑干、脊髓、周围神经到神经通路。篮球运动员投篮时的神经传导通路属于该传导通路。

短跑运动员的中枢系统控制是非常强的,中枢神经系统是机体的觉醒中枢,高级思维中枢,语言中枢以及四肢感觉运动的中枢,同时具有呼吸中枢以及循环中枢,可以支配全身的各个部位。短跑项目是要在最快的速度和最短的时间内跑完一定距离的运动,运动过程中肌肉在神经系统支配下快速而协调配合地放松和收缩,转换速率快,反应速度高,节奏感强,肌肉伸展性、灵敏性和协调性好,在高速跑进中控制动作的能力强。

5. 中枢控制存在的问题

(1)自由度。自由度是指控制系统中的独立因素或成分的数量以及每一个成分的动作方式的数量。每个要素在具体情况下"自由"改变,正如肘关节在移动的两种方式(弯曲和延伸)中转换。要构成一个达到某种特定结果的复杂系统,就会出现自由度问题,即一个有效而经济的控制系统应怎样设计,才能把有很多自由度的复杂系统限定在一个特定方式下活动。

(2)收缩—拮抗模式。关于中枢控制的另一个问题是,在中枢系统给肌肉下达的动作指令中包含肌肉活动的各个方面,还包含主动肌命令在实施过程中通过感觉信息处理对拮抗肌加以控制,这就涉及收缩—拮抗模式。收缩—拮抗模式是指为完成动作的操作主动肌与拮抗肌协调合作的方式。如在手肘快速伸直动作中,主动肌(肱三头肌)收缩后停止,同时拮抗肌(肱二头肌)收缩使肢体停止动作,即"主动肌—拮抗肌—主动肌"。

(3)分层控制。中枢控制理论的一种观点是人体中枢系统中存在一个能够处理各种具体操作的等级控制结构,对各种感觉信息的加工都很敏感,开环和闭环控制都被包含在内。开环控制系统位于高级控制水平,闭环控制系统处于开环控制之下,它可以保证在出现某种干扰的情况下实现运动目标。如果动作操作过程中出现的干扰很小,只通过低级层次处理就可以了,高级控制程序继续执行。若环境信息表明高级程序不再适用,中枢系统就会组织停止执行现有程序,或者启动另一个新程序。这是一个闭环系统嵌套于开环系统中的分层结构。

二、动作程序理论

(一)动作程序的概念

动作程序就是局部动作联合成为一个完整的动作系统,即一种协调化的运动程序,是由一系列动作构成,就是单个运动动作合成的一个整体,具有某些共同特征的一类动作技能的记忆表征或程序,可以作为调节这类动作技能的基础。

因此,动作程序指产生动作之前在中枢神经系统内形成的抽象的记忆结构。运动中有很多快速动作,如打字时敲击键盘、棒球中的击球动作等。这些快速动作没有足够的时间利用反应有效地控制运动。所以对这些动作来说,产生动作计划或动作策略都是中枢完成的,借用计算机术语将这种计划或策略称为"动作程序"。很多动作,如弹钢琴、跳舞、织毛衣等,一旦学会后就非常流畅,但中途停顿后往往需要从头开始再次做,这些特征与计算机程序相类似。对于初学者来说,程序可能只控制一部分运动技能。持续的练习可以建立新的、更为固定、更加精确的,或长时间操作的运动程序,能够控制更复杂的运动,甚至能够改变支持整个运动目标的不同反射性运动。这些程序被储存在长时记忆中,必要时在应答程序阶段做好被提取和发动的准备。当环境状态可预测且固定不变时,开环控制就显得特别重要。在这一环境中,运动技能的实施是很少需要修正的。中枢控制的核心是动作程序,动作程序概念作为动作控制的一个理论,其优点是将大量的单个研究条理化,但是其观点依然有一些逻辑上的不足。最重要的问题就是存储问题和新动作产生的问题。

动作程序是要根据时间的不确定性或者内容的变化来调整,如运动员在比赛时,比赛时间的调整使他们有些准备活动没做充分或者根本来不及做,这就导致了一个过程的缺失;又像是我们扔铅球时,背向投掷区域,一脚支撑,一脚预摆,腿带动身体向斜后移动转体以腰部带动身体推向后斜上方,推伸动作完全完成时,胸臂用力推伸,将铅球投掷。整个动作中腰部发力是重心,如果没有腰部的发力,那么腿部的力量就不能转化为向前的推力,而且动作程序还与运动的人是否具有一定的专业知识有关,如果运动的人不具备专业的知识,那么他就不能够把完整的动作程序做出来,所以动作程序也具有一定的局限性。

(二)动作程序理论存在的问题

1.存储问题

存储问题指如何储存几乎无数量限制的各种各样的动作程序。动作程序的早期观点认为,动作程序主要是发出指令到肌肉组织,从而进行具体的动作操作,每一项运动或运动序列有其特定的动作序列。根据这一观点,一旦动作模式发生改动,就要重新选用一个新的动作程序。例如,投掷中从手过肩到侧投,完成一个投掷动作可能有很多方式,每一种投掷方式都有一个不同的动作程序。因此,根据动作程序局限于特定的运动或运动序列的观点,在长时记忆中会有无数这种动作程序存在,这似乎很难实现。

2.新动作问题

新动作问题指如何储存从来没有完成过的新运动的动作程序。动作程序的新动作问题也与程序存储有关,即新动作是如何产生的。完成一个动作都需要一套动作程序,首先这个动作程序不会是遗传的,其次是第一次完成这个动作,也不可能是习得的。从某种意义上来说,每一次做的动作都是新的。人们在重复练习一个动作时,每次都不是简单地重复以前学过的旧动作,许多动作是通过大量的练习和实践而形成的,已经形成较为稳定的动作程序,只是每次都会在某一方面有细微差别。

(三)一般动作程序

一般动作程序控制的是一类运动,而不是一种特定的运动或序列。一般动作程序指一类运动在中枢神经系统内共有的抽象记忆结构。一类运动具有共同而独有的特征。即固有特征,他们是一般运动程序的"标记",构成记忆存储的基础。这些运动固有特征在运动变化时保持不变。执行者为了能够产生、操作与环境相适应的特定动作,必须从记忆中提取某一类型的运动程序,再根据变化附加运动参数,个体就能针对这个特定运动编制程序。一般运动程序解决了以上问题,首先存储器容量已减少,因为对于一类动作,系统仅需存储一个程序;其次一旦出现新动作,只需改变变化时的参数,就能很好地执行新程序。

动作程序产生的是同时表现在时空上的运动模式。动作的有些部分很容易改变,而其他部分无论运动如何变化都几乎保持固定不变。动作的哪一部分固定和哪一部分改变并不明显,分辨两者之间的差异是很重要的。固有特征是指限定一般动作程序的一套独有的特征,是不随所要完成动作的变化而变化的。参数是相对表面性的、容易变化的特征。执行者为适应环境的特殊要求,在技能操作之前,必须将参数附加在一般动作程序的固有特征中。书写可以显示一个人动作中的固有特征和参数,同一个人使用不同的身体部位(如左、右手甚至嘴)写同样的字,虽然左手、嘴咬着笔写的字显得笨拙,但同一个人笔迹大致相同,可以与其他人的笔迹明显区分。参数就是写字时使用的不同身体部位、手写速度、所用肢体或肌肉等变量,固有特征是个人书写的独特结构(风格)。无论参数如何变化,固有特征是很难改变的。

一般动作程序的固有特征包括技能中各部分的顺序、相对时间以及相对力量。技能中各部分的顺序,指一些事件总是发生在其他事件之前,并且这个序列是固定的。动作程序并不包含肌肉的顺序,它只是对动作进行排序。在相对时间和相对力量中,"相对"指的是技能各部分所占全部时间和力量的相对百分比。一般动作程序中的参数是指总持续时间、总力量、肌肉选择等,不同参数之间是相互影响的。

(四)概括化运动程序与参数修改的实际应用

概括化运动程序是一种以自发性、计划性、目标性、有节奏性、把握节律的积极性为特征的一项运动活动。它历史悠久、灵活多变,旨在使运动者不断提高个体身体素质,培养运动者的训练意志,以及增强运动者的规范训练能力。以健美操为例,学习健美操的目的是调节身体的协调性与灵活性,强身健体,塑造健美形体以及提高审美观,提高表现美和创造美的能力。所以学习者会以概括化运动程序原理有计划、有目的地进行健美操训练,健美操概括化运动程序可以分为三个部分,分别是健美操的运动测试、健美操的运动技能训练以及健美操的全面发展训练。其中,健美操运动测试用于衡量运动者身体素质水平,为下一步训练做准备;健美操运动技能训练主要针对健美操的动作、手型和方向的运动技能,力求在有限时间内达较高水平;健美操的全面发展训练旨在让学习者在进行健美操训练中充分了解和掌握所有与健美操相关的运动技能,拓宽自身的训练视野,丰富学习者对健美操训练的经历,并充分发挥个体的潜能。

在健美操训练中概括化运动程序的作用体现在,学习者在跳健美操的时候概括化运动程序能够有效地提高身体素质以及提高身体的协调能力和灵活性。通过正确有效地进行概括化运动程序,能够锻炼本人的身体耐力、力量、速度等多种能力,并促进本人的身体素质持续改善。在跳健美操的过程中概括化运动程序能够调节情绪,促进其内心的健康发展。在运动过程中,劳逸结合,通过自身的努力来实现计划目标,从而抚慰自己的内心,增强自信心,缓解心理压力,积极面对生活。概括化运动程序不仅意味着要每天不断地去完成健美操的训练,而且要坚持正确的健美操训练方法,掌握节律,并有计划地开展训练,从而培养训练意志,提高训练纪律性。

首先,在健美操中概括化运动程序的特点在于重视每一个跳健美操的人的个体差异性,概括化运动程序要求对所有跳健美操的人的身体素质及能力水平进行全方位考核,从而制订出最适合跳健美操的训练计划,不仅可以调整训练强度,而且可以增强训练效果。其次,是把握节律,让健美操的训练成果持久,概括化运动程序要求在做一次训练之前需要做充分的运动预备,在做完一次训练之后需要进行合理的拉伸和恢复,目的是让身体线条更美观以及减轻肌肉的酸痛感,合理安排健美操的训练时间,科学控制训练强度,以达到让训练成果能够持久发挥的目的。最后,要重视理论和实践的结合,概括化运动程序在训练过程中,要求运动者不仅要学习运动理论,还要学习有效的训练方法,并以此相结合,进行实践练习,从而发挥运动者最大的潜力。

健美操概括化运动程序的必要条件,如有良好的健美操训练场地和器械设施。训练场地要足够大,能够满足健美操训练需求,器械要符合训练要求,安全可靠,并随时可以进行使用。在跳健美操的过程中要有合理的训练计划。训练计划应该聚焦所有跳健美操的训练目标,并且要把握音乐节律,控制训练强度,从而使运动者不断提高身体素质及能力水平。有专业的教练团队,教练是在健美操训练过程中不可或缺的有效环节,他们要熟知健美操概括化运动程序的知识体系,并能全面负责运动者的训练,安全把控,给出权威的评价。

在运动中,参数修改是指改变运动的参数,以影响运动的效果和最终结果。它可以是简单的,如改变跑步的节奏或改变游泳的技术、频率或力量,也可以是复杂的,如改变训练计划的频率或时间、更改训练计划的强度或改变运动的频率。在程序上,参数修改是指在编写程序或执行某些操作时,通过修改程序中的一些参数来调整程序的行为或功能。这些参数可以是程序和系统的设置参数,也可以是输入的参数,如参数的值、参数的类型。修改参数可以让程序更加灵活,能够满足不同的需求。顾名思义,参数修改就是对引入的变量进行修改,目的是使当前研究或者对正在进行的一项运动进行完整和优化,从而达到更好的效果。进行修改的变量,大部分的参数都能在运行时修改。

在体育运动中参数修改的使用表现在很多方面,与健美操有众多关联。在学习和跳健美操的过程中,参数修改是一个必不可少的东西,如在跳健美操的过程中,在原有的动作或者音乐有产生分歧的地方或者是在某一个环节获得比本身更有价值的东西,那就可以对这个参数按自己的设定进行修改,在不影响它本身表现的同时添加了一番风采,在开始学习健美操的过程中,大多数人都是根据教师教的或者跟网上视频来学习,在经过一段时间后,当健美操基本技术有了一定基础,能够比较轻松地完成教师或者网上视频交给的任务,此时学习者就可以对原来的基础添加或者修改一些环节,目的是达到比原来更好的效果。在健美操中参数修改也可以体现在音乐上,音乐是跳健美操必不可少的一个要素,在动作与音乐结合的过程中,当发现一些动作与音乐对不上或者我们可以通过修改一些参数来使得二者搭配得更好,也可以通过改变部分音乐节奏的方式来使整体更加丰富和美感。在学习健美操的过程中,参数修改也可以体现在另一个方面,就是改变健美操训练计划的频率或者时间,更改训练计划的强度或者更改运动的频率。在学习健美操的过程中制订合理的训练计划是非常必要的。长时间反复进行同一项运动会在一定程度上让运动效率降低,但在这个过程中适当改变训练的时间、频率与强度反而会使训练效果变得更好,可以在一定程度上提高学生训练的积极性。

三、运动中的中枢控制

(一)惊吓动作

人们通常对一个强烈的无预期的声信号做出的反应就是惊吓反应,这是一种自动快速的全身反应,包括快速地眨眼和颈部的肌肉收缩,这一反应是由刺激引起的,类似反射的运动,是无意识参与的。相关实验表示,在被试练习普通运动任务的过程中加入突然出现的强烈声信号,通过观察被试的肌电图发现,当出现惊吓刺激时被试对普通运动任务的反应加快了,也就是说被试因为惊吓提高了动作的速度。

对这种现象的一种解释是，由于视觉和听觉刺激与动作一起出现，产生了多感官的促进效应，当这两个刺激相结合时为动作的提高提供了条件。然而，有惊吓反应的练习在运动前反应时长与运动后反应时长上都短于一般正常状态，说明这种动作的结果并非为被试对练习任务的反应，且超过三分之二的被试表示自己根本没有意识到发生了什么。对此现象另一种较为合理的解释是，动作程序储存于皮质下的脑结构中，惊吓刺激阻断了意识性加工，打乱了个体对动作的开始安排，使得动作程序提前启动了。

（二）抑制动作

抑制动作也称"抑制预期动作"，指在动作启动前或启动后个体企图停止这个动作计划的行为。有些抑制行为能够成功，还有一些动作开始后就无法停止，有时是因为熟练动作的控制不需要感觉反馈的参与，有时是因为动作已经启动，突发信息来不及处理并阻止，动作就已经结束了。例如，当钢琴家演奏乐曲时，即使钢琴上有一个按键坏了也不会影响他的演奏，他甚至没有意识到这一状态直到演出结束。说明感觉反馈并没有参与到弹钢琴的动作序列中，演奏的过程是由开环控制系统调节的，动作程序一旦启动，就无法抑制。

关于抑制动作中枢控制的理论认为，中枢机制部分参与了对动作的组织和控制，在没有运动肢体反馈的情况下，动作操作仍然可以完成；反馈的加工较慢，在反馈信息返回到加工阶段、做出修正决策和开始激发修正动作之前，快速动作已经完成了。因此，动作的内部计划形成并启动后，人体就无法再对动作进行抑制了，即使在很短的时间内，环境中出现某些信息需要停止动作，动作依然会执行。抑制提前计划好的动作需要时间和注意的参与。

运动技能的协调控制

复杂运动是指由多个肢体或肢体的几个环节协同工作,完成特定任务的程序。体育中的运动技能以及生活中的肢体活动大多属于复杂运动。像篮球投篮、羽毛球发球、体操以及日常生活中的步行、写字、弹钢琴等,这些活动涉及若干肢体和多块肌肉的共同工作。有些运动能轻而易举地完成,似乎感觉不到不同肢体间有什么干扰,比如伸手拿桌子上的茶杯。但有时候,我们也会意识到某些动作做起来不那么容易,比如,要求你一只手摩擦腹部,同时,另一只手拍打头部。这时候,你就会觉得两只手总是倾向于做同一种运动,一起拍或一起摩擦,而不是各做各的事情。复杂运动可以看作是由几个不同的简单动作组成的。因此,对复杂运动的研究更多考虑的是这些动作之间是如何协调的。

第一节 运动技能协调控制概述

在执行某些运动技能时,肢体间的协调存在一些障碍,这种障碍阻止了运动的主观随意性。在生物学意义上,肢体间的协调保障了人类的基本运动方式,也就是说,要想在体育领域获得较高的运动技能,必须经过长期的训练,以克服肢体间的协调障碍。

一、运动技能的协调与控制

随着人体的生理发育与动作技能的发展,人们可以很容易地获得某些生存所必需的运动技能,肢体间的协调保障了人类的基本运动方式,如行走。同时,肢体间的协调障碍会阻碍人们某些运动技能的获得,如开始学习双手弹钢琴。因此要想在体育等具体领域获得较高的运动技能,必须经过长期的训练,以克服肢体间的协调障碍并达到对动作的协调控制。运动技能的协调控制是指个体根据对动作的预期,制订操作计划,利用来自环境的反馈信息组织并调整身体各部位协同运作以完成动作目标的过程。影响肢体间运动协调的主要因素有动作的时间结构和运动技能的控制过程。

二、速度—准确性权衡

在一些要求快速而准确的运动项目中,人们会根据不同的实验要求与自己的主观情况,建立一个权衡反应速度与反应准确率的标准进行动作反应,有时会以牺牲准确率为代价去换取反应速度,而有时则会以牺牲反应速度为代价去换取反应准确率,这就是反应速度—准确率权衡现象。这种权衡使反应时的分析复杂化了,特别是在准确率降低而反应时增加的情况下单纯地分析反应时就显得不合理了。有时虽然把反应时和准确率都考虑了,但不能较精确地建立起反应时与准确率的联系。反应速度与准确率的权衡现象广泛地存在于人类的信息加工动态过程之中,很多运动项目都存在这种权衡现象,尤其是在激烈的竞技体育赛场,如速度射击、拳击比赛的出拳和篮球比赛中的快速突破等。在心理学和运动技能控制领域,已有很多的理论假设和实验研究对速度—准确性的权衡现象进行了解释。

(一)菲茨定律

菲茨定律指的是使用指点设备到达一个目标的时间同以下两个因素有关:①设备当前位置和目标位置的距离(D)。距离越长,所用时间越长;②目标的大小(W)。目标越大,所用时间越短。该定律可用以下公式表示:

$$MT = a + b\log2(D/W + 1)$$

菲茨定律指出,当已知动作距离和目标大小的时候,就可确定完成动作的运动时间。由菲茨定律可以得到以下四条重要的推论:①操作者要提高动作的准确性就只能以降低动作的速度为代价,相反,如果降低对动作准确性的要求,动作速度可以更快,这种现象在运动技能控制中具有普遍性。②对于既定大小的目标,当动作幅度(移动的距离)增加时,动作时间会增加,但增加的幅度较小。

当动作移动的距离增加 8 倍时,动作时间可能只增加 2 倍。移动距离的增加只会导致动作时间的少量增加。例如,在棒球的挥棒击球过程中,增加挥棒幅度,虽然为了保证准确性使挥棒时间有小幅的增加,但对球的打击力量会增强很多。③在运动技能控制中,开环控制系统与闭环控制系统是有机地整合在一起的。菲茨定律反映了即便是快速的动作,在动作开始前的运动编程阶段也存在基于反馈的动作校正过程,也就是针对动作目标的大小与距离,以及动作的准确性要求调整运动程序。对于操作者来说,这个过程可能是无意识的,如通过外周视觉系统的无意识加工获取视觉反馈信息。从菲茨定律可以推断,运动技能的开环控制系统与闭环控制系统不是两个完全独立的过程,在运动控制中两者共同工作。④在大多数情况下,较慢的动作准确性较高,因为操作者有更多的时间来发现错误并及时纠正动作。菲茨定律可以解释为什么当误差太大时操作者必须降低速度来减少误差。这是一个操作策略上的权衡利弊的过程,操作者可以通过损失一定动作速度来获取更高的动作准确性。

菲茨定律的速度—准确性关系对很多的动作技能操作都适用,尤其是各种手动瞄准任务,如投掷飞镖、射击、弹钢琴、篮球的定点投篮和足球的射门等,都可以通过菲茨定律对动作操作进行解释。这一定律同样对体育运动中的技能教学与训练提供启发意义,充分解释了"欲速则不达"的内在含义。

(二)时间、动作距离与动作准确性

在体育运动中,动作的准确性常常是一个重要的评价指标,如篮球运动中的传接球,排球运动中的扣球,羽毛球运动中的用球拍击球。这些运动项目有一个共同的特征,或者相同的目的,就是要在特定的时间,将手臂或器械运送到空中特定的位置并击中目标。对于运动时间少于 200 毫秒的快速动作,当动作距离增加时,不管对动作时间有什么要求,动作的准确性都会逐渐降低;随着动作时间的减少,不管在何种动作距离条件下,动作的准确性也都会降低。动作时间和动作距离这两个因素在这种情况下是相互独立的。单独增加动作距离导致动作的误差增加,单独减少动作时间同样也可以导致误差增加。这也是赛场上运动员越是想尽快击中目标就越容易失误的原因。与菲茨定律一致,在给定的距离条件下,如果操作者的动作太快,往往使得动作准确性降低,失败次数则增加。

（三）肌肉活动与速度—准确性权衡

快速运动技能是由运动程序控制的,运动程序包含肌肉收缩的顺序和各部分肌肉力量大小等信息,动作程序沿中枢神经系统传输到肢体肌肉,也就是将中枢神经系统的神经冲动转化为肌肉活动的过程,随后通过肌腱对骨施加力量产生动作。不同部分的肌肉收缩力量是决定手臂移动轨迹的主要因素,随着不同部分肌肉力量大小的变化,力量中的不稳定性也在增加。若需要缩短动作时间或增加动作的距离(幅度),就要求相应的力量增加,较大的力量会产生更大的变异,引起动作与预期的轨道相偏离,导致失误。因此,动作的准确性也会受到神经冲动转化为肌肉活动这一过程的影响。对于同一个动作,即使操作者在每次执行中试图使用相同的力量,但实际用力是存在差异的。除此之外,在动作按照既定程序开展的过程中,周围环境的变化会导致肌肉的各种反射活动,这也是肌肉活动导致动作变化的原因之一。

（四）速度—准确性权衡在实践中的运用

速度—准确性权衡来源于研究者对运动的观察发现,而如何利用速度—准确性权衡的原理帮助运动员提高训练水平与比赛成绩,同样也是值得关注的现实问题。以棒球的挥棒击球为例,通过击球手的站位预测球的空间轨迹和到达时间,并实施有力准确的快速动作。在高水平的棒球比赛中,投手投出的球大约飞行460毫秒。击球手挥棒的动作时间大约为160毫秒,在动作开始前产生内部的动作启动信号约为170毫秒,整个挥棒动作所需时间为330毫秒,因此,在投手将球投出后的130毫秒之前,击球手必须决定是否击球,必须对运动的主要部分做出计划,并通过中枢神经系统来启动动作。如果击球手打算提高挥棒的速度,缩短动作时间,那么就有击球准确率下降的可能,因为用于反馈和调整动作的时间减少了。

在体育运动领域,还有很多项目都存在速度—准确性权衡现象,很多的运动项目都有时间限制,又有准确性要求,如射击的速射比赛、飞碟项目等。如何在有限的时间内达到最高的准确性,最理想的权衡比例如何,这一直是教练和研究者关注的重要问题。

三、动力系统理论

20世纪90年代以来,动力系统理论逐渐兴起并挑战传统的信息加工理论,在一定程度上弱化中枢机制在运动控制中的作用,强调环境信息和肢体动力学特性在协调动作上的控制作用,认为在知觉和动作之间有着更加直接的联系,对动作的控制主要在于人与环境的相互作用。

动力系统理论是在突变论等基础上发展起来的,它以系统观来看待动作行为的变化,认为动作行为的发展并不是线性而连续的,而是突变的,是从一个系统到另一个系统的变化。这种理论认为,人类的动作控制是一种复杂的系统,其行为方式在时间上的改变不是持续的和线性的过程,而是突然发生的。类似于在物理学领域,水会随着温度的降低在0℃时由液态变成固态,当温度逐渐升高时,在100℃沸腾,由平静的液态变为沸腾的气态。人类运动技能的发展和协调过程也是从一个系统(生疏)到另一个系统(熟练)的更替,是一种突变过程,一种非线性的发展过程。

(一)动力系统理论的发展

运动的动力系统观点起源于多学科融合的系统理论。系统理论以不同领域的复杂系统为研究对象,从系统和整体的角度,探讨复杂系统的性质和演化规律,目的是揭示各种系统的共性以及演化过程中所遵循的共同规律,发展优化和调控系统的方法,并进而为系统科学在社会、经济、军事、生物等领域的应用提供理论依据。系统科学领域中把系统论、控制论和信息论合称为"旧三论",将耗散结构论、协同论、突变论合称为"新三论"。"旧三论"与"新三轮"作为系统科学的重要组成部分从不同角度解释了复杂系统的各种现象,也为解释人类行为的变化规律提供了理论的依据和原理。动力系统理论就是将系统科学的观点用于解释人类动作行为变化规律的理论。

(二)动力系统理论中的核心概念

1.稳定性

在动力系统理论的术语中,稳定性是指一个系统在行为上的稳定状态。这里的稳定性是系统的稳定性,一个系统内可允许一定幅度的轻微扰乱,是动态的稳定状态。系统中稳定行为的恒定状态称为"吸引子",吸引子是指优先选择的行为状态。

2.指令参数和控制参数

指令参数也称为"集合变量",是限定系统整体行为的功能性变量,它使运动的协调模式能够再现,并区别于其他模式。控制参数是行为系统内可以根据动作情境特征自由变换的变量,例如温度、速度或力量。指令参数限定了一个运动模式,它对于确定运动的类型很重要,如节律性运动的相对相位,它规定了各个运动单位间的运动关系。

3.自组织

动作的动力系统理论中的另一个重要概念就是自组织,是指当某种情境具有一定的条件特征时,个体就会出现肢体运动的特定模式。运动的协调模式的突然转换不是由动作程序确定的,而是在特定的情境条件和肢体动态特征形成中进行的自组织。自组织过程强调运动系统的模式组织过程的自然动力性。例如,当行走的速度加快,走的步态模式就在某一个时刻突变成了跑的模式,如此渐渐降低速度,跑的模式又突变成了走,这种步态模式在某一特定速度的突然转变就是步态运动的自组织。

(三)动力系统的知觉—动作联合

动力系统观点认为,技能操作是人与物理环境之间的相互作用。熟练动作的产生是神经系统对特定的功能性肌肉和关节配合的控制,从而达到动作协调,个体才能根据环境的指令完成动作,这称为"知觉—动作联合"。部分动作的知觉—动作联合是自然存在的,包括走、跑和两手协调运动,相关肢体的肌肉和关节具有一种自然的趋势,按照肢体内在协调模式来活动。这一协调模式也可以通过练习或经验来获得,当人们第一次学习网球发球动作时,这一动作要求两个上肢以不同方式同时运动,初学者最初的倾向是在同一时间以同一方式运动两个上肢。通过练习可以形成新的肌肉和关节组合的协调结构,从而达到动作目标。网球发球就是通过大量练习获得新的协调动作结构的例证,初学者原有的协调动作结构会导致开始学习发球动作相当不协调,但在克服了这些内在困难之后,技能操作就会倾向于形成新的协调模式,即使在一些干扰情况下也能执行新的协调模式,如在有风干扰的情况下发球,运动员可以根据角度和力量的调整,顺利完成预期的发球动作。

第二节　非连续性运动技能的协调控制

一、抓握动作

抓握是人类生存的基本动作,是用来描述包含伸出并抓住物体的各类动作的总称。抓握动作包括三个明显的阶段,伸出、抓住和目标操作。这一动作的关键在于这几个动作间如何协调,即手和手臂间的协调控制。抓取和操控一个物体也是一个高度协调的活动。抓握运动是一种复杂的目标瞄准任务。在动作启动前,需要对手和手臂的目标状态和当前状态进行对比,选择一种最佳的备选状态后开始运动,在运动过程中,还受另外一些因素的影响,如动作要避免碰撞和最小的力量消耗等。

二、书写动作

书写运动的控制机制是动作控制研究中的一个重要课题。书写不同的内容,如字母、单词、数字等,控制机制也不尽相同。

人类如何选择、组织肢体完成特定动作存在很大的个体差异。研究者提出的"动作等效"概念,即动作控制系统可以使人在不同情境和条件下完成相同动作的能力。一个人能够调整动作的大小、力量、方向甚至所用肌肉,来适应书写环境的具体要求,人们能够很容易地改变各种书法特点,如书写时间和字体大小等。然而无论条件如何改变,每一个人在字的形状、书写的倾斜角度、笔画相对力量和笔画间的相对时机等特征方面都非常相似,具有很强的个人特点。书写控制非常复杂,很难用一个单一的控制模式来描述这一过程。书写的空间特征是以一种抽象形式储存在个体的记忆系统中的,有牢固的记忆程序,只因肢体的灵活性不同而表现出一些流畅性的差异。多种协调结构的共同参与形成书写动作的等效效果。

书写动作的另外特点就是同时进行多个控制过程。要写一个句子,个体必须对词汇和语义的认知过程进行加工,同时进行动作的过程控制。书写要求人根据表达目的从记忆中提取相应单词,组织语法结构,单词需要一个固定的拼写,个体必须以恰当的力量握住这些书写工具,书写出这些大小恰当的具体字母并持续完成整个句子的书写。人类能够在相对较短的时间内完成这些不同的认知和动作成分,证明书写动作潜在的控制过程非常复杂。

三、双手协调

双手间的协调与上述的单手协调有些不同。有时候双手同时操作相似的动作,如双手抓起杠铃、双杠动作等;而有时候操作两个不同的动作,如篮球的急停跳投和艺术体操的某些双手动作等。双手协调存在一种手臂的协同耦合,它形成了一种自然的协调结构,偏向在操作中选择时空的对称性。双手间的同相位关系是最优选的对称关系,即两只手臂同时弯曲或伸展。此外,通过练习,个体可以学会将两个肢体分开操作不同动作,同时不对称地操作两只手臂。

四、眼—头—手的协调

在体育运动中,许多动作都需要眼—头—手的协调来完成,如将手臂移动到目标位置并抓取目标,这些动作都非常依赖视觉信息的反馈,以实现最高的动作准确性。在这类动作中,如果动作的时间较长,注意能够集中目标时,视觉反馈信息就非常有效。当目标物意外出现在视野的某个位置,眼睛必须尽快地锁定目标物,以便为视觉信息的加工提供充足的时间。头部运动和眼球运动之间存在紧密联系。眼睛和头部异相运动的时机是紧密协调的,但目标始终被固定在视觉中央。眼睛和头部之间的这种运动协调被称为前庭视觉反射。在快速寻找目标任务过程中,眼跳保证了对不可预测的视觉信号的快速识别,而头部和眼睛同时的异相运动维持了眼睛对目标的注视。

第三节 连续性运动技能的协调控制

一、早期研究

在 20 世纪初期,连续任务的双手协调性研究就成为运动技能领域的研究主题。有学者做了一项实验,要求被试在 30 秒时间内尽可能快地分别用两只手的手指敲击物体,结果发现,一侧手的手指每次敲击间的速度差异较小,左手每次的敲击平均运动时为 222 毫秒,右手(利手)为 181 毫秒,两只手间的每次运动时差异明显。这并不奇怪,人们在比较右手者的左右手操作时,经常会发现操作的不对称现象。而当要求被试两只手同时用一根手指尽可能快地敲击物体时,有的被试用左右手的同名手指如左右手的食指敲击,有的被试则用不同名手指如右手食指和左手中指敲击。结果显示双手用同名手指敲击的平均运动时为 208 毫秒,其中右手指比单手敲击慢了 27 毫秒,而左手指比单手敲击快了 14 毫秒。双手以不同名手指敲击的运动时间为 219 毫秒,利手的敲击时间与非利手基本无差异。有研究者认为,在动作协调的过程中,双手暂时的"独立行为"发生了很大变化,双手的运动节奏更加相互依赖,结果导致了非利手手指操作绩效的提高,优势手绩效的下降。因此,相对于身体各部分独立执行各自任务,人体更倾向于各部分相互协调,尽可能地保持统一节奏,这也是连续性技能形成暂时性协调的重要特征。

二、步态转换

(一)动物的步态转换

在步态研究的最初阶段,最先引起研究者关注的是四足动物步态模式间转换的协调性问题。将一只被麻醉四足的猫放在跑步机上,通过刺激猫的脊椎使其开始走路,跑台速度的增加会使猫由行走变成小跑,偶尔还会奔跑。虽然猫在运动中感觉不到腿部的变化，但从一种步态模式向另一种步态模式的转换还是发生了。在正常情况下动物会自主选择使用某种步态或速度，能量效率是一个动物选择某种步态的具体速度和转换步态的因素之一，在一般情况下动物总是倾向选择能量节省化的运动方式。

（二）人的步态转换

人类有走和跑两种基本步态，从走到跑的步态转换一般出现在速度为2～2.2米/秒的时候。但这一速度转换的临界点会因一些因素的影响而变化，如是否加速或减速、加速度和认知负荷的影响。人在不同速度走或跑条件下髋膝部位和踝膝部位的相对相位变化进行了研究，结果发现，逐渐提高步行速度超过步态转换的临界速度后，髋膝和踝膝环节的相对相位的变异加大，步态开始不稳定。低于步态转换速度点的慢速跑步同样也显示步态不稳定。而使用跑步机和虚拟现实结合研究发现，快速的视觉情境移动能够降低步态转换速度的临界点，而慢速的视觉情境移动可以提高步态转换速度的临界点，说明视觉信息影响步态转换的速度，这一现象很难用能量触发或步态稳定性假设来解释。因此，人类的步态转换和动作协调可能是由多重感觉信息共同控制的。

三、时间协调

具有固定节奏或多重节奏的动作技能是很难学习的，特别是当节奏出现变化时。对于具有特殊时间结构的动作技能，双手分别操作不同节奏的动作变异性大于节奏相同或成比例的情况。时间结构十分复杂的动作，即使经过大量节奏训练的音乐家与普通人相比也没有特别突出的表现，掌握这样的技能需要大量的专门练习。

四、空间协调

有关动作的空间协调性研究较少，如驾驶汽车时人体四肢不同动作的协调问题，很多开车事故就与四肢动作的空间协调偏差有关，动作操作的空间偏移现象较为常见，当某人试图完成"一手摩擦腹部的同时另一只手拍头"动作时，双手都有可能会偏离正确的空间轨迹，或者执行其中一项任务，或者是两项任务的重新组合。当双手同时操作空间结构完全不同的任务时，由于双手需要移动的方向完全不同而造成混乱，两只手的运动轨迹都容易偏离正常的轨道。解决这一问题的办法是将双手的动作组合成一个整体任务加以练习，对双手任务建立起整体的概念是实现双手协调的一个策略。

第四节　其他类型的协调

一、单侧肢体的协调

动力系统理论可以运用于双手间的协调以及肢体间的协调，然而在生活中存在大量只需要单手完成的动作，这就涉及单侧肢体不同的关节及肌肉的协调。基本的动力系统模型可以从两根手指得出的结论推广到身体其他部位，即通过改变某一特定变量，动作行为可以从一种系统自发地转变为另一种系统。控制变量时间和空间影响到系统的稳定性。

二、上肢和下肢协调

体育运动中有很多情境需要个体控制自己的上肢和下肢协同运动，要高质量完成动作，上下肢必须协调配合。在上下肢协调运动中，较稳固的运动模式是基于方向优先，即两部分肢体向同一方向运动，而不是屈—屈或屈—伸的组合。较弱的协调模式总是有较大的相对相位变异性，动作常常不自觉地转化为更加协调的模式。协调模式的稳定性并不是取决于是否同时使用特定的肌肉群，而是取决于动作的空间指向。

三、双人间的协调性

不同个体间的协调动作通常有一个明确的共同目标，如双人跳水、健美操中的双人操等。共同目标意味着需要两人或多人共同完成，仅靠一人无法完成任务。在此动作发生之前,人们通常需要按规则进行充分的练习或排演。因此,团队间的协调运动似乎也受一般运动程序控制,即提前对动作的顺序、时机进行计划,程序既有不变的特征也有可变的参数。在一个运动队中如何提高队员间的协调配合是运动心理学中的一项重要研究内容。

个体间的协调运动也可能基于内隐的共同目标。这种内隐性意味着当个体都有自己独立的目标时个体间无意识地形成某种协调。这就非常类似于一种自组织系统,因为这种协调往往是在没有具体的意图和目标情况下产生的。在其他一些运动协调过程中也有类似现象,尽管每种运动是由不同的神经系统控制的。这种多人间的相位协调与视觉信息有着密切的关系,但视觉信息并不是唯一促进多人协调的因素,如两个人间的交谈方式可以影响双方在交流时的姿态协调。

运动技能的反馈控制

在体育运动领域,运动技能的学习是十分重要的,一直是体育教学和运动训练领域密切关注的重要课题之一。运动技能学习中的信息反馈通常是指个体在执行一项技能之中或之后所收到的与绩效有关的信息(绩效是指成绩和成效)。依据反馈信息的来源一般可分为两种:一种是内部反馈又叫自然反馈,是指个体在运动过程中或运动结束后,自身感知到的信息;另一种是外部反馈又叫追加反馈,是指个体所接收到的除内部反馈外的一些与操作相关的信息,又称追加反馈。反馈原理指出,任何系统,只有通过信息的反馈才能实现控制,没有结果的信息反馈系统,要实现控制是不可能的。因此研究运动技能学习中的信息反馈具有极其重要的意义。在运动技能学习过程中,需要教师提供必要的反馈信息来进行指导与纠错,使学生逐渐掌握正确的动作技能,这是追加反馈对动作技能的促进作用,而对于追加反馈何时能最大限度地促进运动技能学习也进一步引起了研究者的关注。部分研究通过大量实验证实追加反馈时机越早学习效果越好。

第一节　反馈与追加反馈

在学习运动技能中必须提供追加反馈吗?这是理论和实践工作者都关注的问题,对于理论研究者来说,对追加反馈必要性的探讨将有助于理解运动技能学习的机制,而对于教师、教练等实践工作者来说,则直接关系到言语指导在课堂或训练中的应用。

一、反馈、内在反馈和追加反馈的关系

当人们谈论动作技能学习时必然会提到反馈,它是动作技能学习过程的基本要素之一,反馈是人们在操作和学习动作技能过程中获得的各种信息,通常可以分为两类,一类称为内在反馈,另一类称为追加反馈。

内在反馈是个体操做动作和学习动作技能时自然而然获得的各种感觉信息,它不需要借助任何外界的特殊设备和装置。例如,当篮球运动员投篮后,他会看到球是否命中。网球运动员击球时,会听到球与球拍撞击的声音。

与内在反馈相比,追加反馈是个体在操作动作和学习技能时,借助外界帮助或特殊装置获得的信息,有时又称为外部反馈。例如,百米赛跑后,运动员在大屏幕上看到的比赛成绩;完成健美操动作后,老师说的"好"或"很好";舞蹈教师用力压学生一侧的肩膀,以示意正确的前进方向。

二、追加反馈的分类

在运动技能教学和训练过程中,由于追加反馈往往是由教师或教练提供给练习者的,因此,对追加反馈的合理使用和安排就成为运动技能教学方法改进的重要内容之一,也是运动技能学习领域需要不断探索研究的课题之一。根据提供信息的关注点不同,追加反馈可以分为结果反馈、绩效反馈两类。

结果反馈提供的是与操作结果有关的反馈信息。例如,百米运动员在电子屏幕上看到自己的成绩是10.3秒;射击运动员在完成规定射击动作后,听到扩音器中播报的成绩是9.8环;教师告知学生,刚才的铅球投掷了8米。

绩效反馈提供的是与操作过程(运动特征)有关的反馈信息。例如,田径小步跑练习中,教练对运动员说,脚掌鞭打地面节奏太慢;网球教练说挥拍太晚或者击球点太靠前。为了达到更好的教学和训练目标,通常还可以采用录像回放、动作技术解析数据、生物反馈等多种形式提供绩效反馈。例如,将动作操作时的肌电图作为绩效反馈提供给练习者,可以帮助其提高对肌肉收缩的精确控制能力。

第二节　追加反馈的形式及内容

传统观点认为,没有反馈就没有学习,也就是说追加反馈是运动技能学习的必要条件。近年来的研究显示,追加反馈在运动技能学习中的必要性存在四种情况:①追加反馈是运动技能学习的必要条件(与传统观点一致);②运动技能的学习可以不需要依靠追加反馈;③虽然运动技能的获得不需要追加反馈,但提供追加反馈可以促进运动技能的学习;④提供追加反馈会阻碍运动技能的获得。

一、追加反馈的形式

追加反馈的形式是多种多样的,实践工作者可以根据需要选择恰当的形式。

(一)言语与非言语追加反馈

追加反馈可以通过他人的言语形式提供,这就是言语追加反馈,如教练告诉运动员 100 米跑的成绩;有时候言语追加反馈也可以通过非言语化的其他形式来提供,如教练让运动员看秒表上显示的 100 米跑的成绩。

有些反馈信息数量较多、比较复杂或者比较抽象,无法用言语描述,往往用非言语的形式提供,这就是非言语追加反馈,例如可以通过录像回放、练习曲线、计算机模拟的运动图、运动学数据分析等形式提供。言语追加反馈由于易于理解、方便、快捷等特点,已成为广大实践工作者最常使用的追加反馈形式。随着科学技术的快速发展,多媒体教学环境的普及,越来越多的实践工作者采用录像、技术分析、生物反馈等多种追加反馈形式,以获得良好的教学训练效果。

(二)总结和单次追加反馈

追加反馈既可以在一次操作后提供,也可以在多次操作后进行总结性的反馈。这里需要强调如果提供单次追加反馈,要注意反馈频率的问题,已有研究显示,每次操作后都提供追加反馈并不利于动作技能的学习。如果提供总结性追加反馈,则要注意提供反馈时,间隔的练习次数不宜过多,否则容易出现遗忘,不利于学习者对追加反馈信息的加工和使用。

二、追加反馈的内容

(一)对正确与错误动作的追加反馈

根据 Fitts 和 Postner(1964)的技能学习三阶段理论,学习者处于认知阶段时,操作错误比较多,而且无法觉察自己操作中出现的错误,更不知道如何去纠正这些错误。因此,一方面,教师、教练可以通过提供关注于学习者操作错误的追加反馈来帮助他们确定操作中的错误,建立正确与错误操作的判断标准,纠正这些操作错误的方法。有研究证实,基于操作错误的追加反馈对于动作技能学习是至关重要的。

另一方面,教师提供基于正确操作的追加反馈可以不断提示学习者向着目标进步,只要继续努力,就可以实现目标。此时的追加反馈可以使学习者在技能的练习中更具有动力,更具有持久性,这是由追加反馈在动作技能学习中的基本作用决定的。

(二)追加反馈信息的精确度

定性或定量信息与追加反馈提供信息的精确度有关。定量追加反馈提供与操作结果或操作特征相关的数字信息,例如,体操教练可以对学生说,你的旋转离规定动作还差 5 度;田径教练说,你的百米成绩比上次测试提高了 0.5 秒。定性追加反馈提供与操作结果或操作特征的性质和质量相关的信息。例如,网球教练告诉学生,好的,这次击球很好;体操教练说,你的脚尖没有绷直。

此外,还可以采用声音信号、生物反馈、运动分析图形、力学曲线等非言语的形式提供定性、定量或者两者结合的追加反馈,例如,当网球击球超出规定区域时,教师吹响手中的哨子。教练可以通过电脑向跳水学习者演示规定旋转动作的旋转角度。教师可以让学生观看跑步的录像,同时显示步速和屈膝的角度等。

(三)描述性与说明性追加反馈

描述性和说明性是与追加反馈所提供信息的侧重点有关的。如果追加反馈提供的信息仅对操作结果进行描述,这种追加反馈就称为描述性追加反馈。如果追加反馈提供的信息在指出操作错误的同时,也说明了纠正这一错误的方法,这种追加反馈就称为说明性追加反馈。

第三节　追加反馈的作用

一、追加反馈促进动作技能的学习

(一)提供信息

在运动技能学习中,追加反馈最重要的作用就是提供更丰富的信息。追加反馈可以为练习者提供动作操作结果、动作操作过程等信息。例如,篮球教练经常说:"别总盯着球,把头抬起来,眼睛看前方。"体操教练说:"助跑要保持节奏,手脚要注意定位。"游泳教练强调:"划水后双臂要内收,有夹水的动作。"这些信息是练习者理解感觉信息、确认操作效果、发现操作问题、纠正操作动作的基础。

(二)动机作用

追加反馈可以激励练习者付出更多的努力,坚持更长时间,持续向目标靠近。例如,当运动员在训练中已经很疲劳时,教练说,"你做得很好,再坚持一下""再加一把劲,把动作做完整"。这些语言不仅能帮助运动员克服疲劳,努力完成任务,还可以提高其对技能操作能力的自我认知,积累积极情绪。因此,在体育教学训练情境中,教练或教师可以通过提供追加反馈,帮助练习者获得运动技能,提高其对技能操作能力的积极认知,促进其积极参与体育活动。

(三)强化作用

教育心理学的奠基人桑代克(1927)提出学习的效果律,认为在由某种刺激引发的行为之后,伴随愉悦体验或奖赏将增加该行为在类似情境中出现的可能性,反之,如果在行为之后,伴随不愉快体验或惩罚,将减少该行为出现的可能性。我们将行为之后给予个体的奖赏(正强化)和惩罚(负强化)称为强化。研究显示,在运动操作后,提供追加反馈也具有强化作用,可以增加目标行为出现的可能性,或减少非目标行为出现的可能性。比如,某练习者在完成操作后,指导者对其表示肯定,这样会增加其今后做出类似操作的可能性。

(四)依赖作用

过多的追加反馈可能会削弱内在反馈的作用,反而会阻碍运动技能的学习。最近有研究者发现,指导者过于频繁地给予练习者各种类型的追加反馈,会使练习者对指导者的追加反馈产生依赖,这种依赖性不会随着练习者运动技能水平的提升而减弱。对某种类型追加反馈的依赖会影响练习者自我内在反馈的精细化发展,最终阻碍其运动技能水平的提高。

因此,追加反馈既有助于运动技能的获得,又可能阻碍运动技能的获得。针对不同水平的练习者,不同类型的运动技能,为建立最佳的教学训练模型,提供的追加反馈在形式上、内容上、次数上都是需要不断探索的问题。

二、追加反馈阻碍动作技能的学习

除了积极影响,有时追加反馈也会不利于动作技能的学习。这主要是由于追加反馈可能会限制其他有益的加工活动,产生过多的调整性动作。

追加反馈通常是学习者首选的信息来源。如果频繁、即刻提供追加反馈,会阻碍其他重要内在反馈信息的加工,使学习者无法在练习中利用内在反馈信息形成自身的错误觉察能力,降低练习的效果,因而不利于动作技能的学习。

指出动作中的错误及纠正方法是追加反馈的基本功能之一。如果每次练习后都获得有关操作错误的信息,学习者就倾向于根据这些信息来调整下一次动作操作。然而,运动表现通常是不稳定的,并不是每一次动作调整都有利于提高学习,有时即使微小的动作调整也很有可能导致出现更严重的错误。因此,频繁的追加反馈会产生过多的动作调整,降低动作表现的稳定性。

(一)平均反馈

这种技术与小结反馈类似,只是在提供反馈时,不再详述每次操作的绩效信息,而是概括地描述前几次操作的总体或大致信息。例如上面提到的例子,教师教授网球正手击球动作,每5次练习后提供一次平均反馈,教师可以说,刚才的5次练习,动作做得很正确,就是跑动还不够,要积极跑动,击球效果就会更好。或者说,刚才的5次击球,动作准确性可以打85分,但击球时站位只能打70分。

(二)自我选择反馈

这种反馈技术具有较强的个体化特征,学习者可以根据自己的需要决定是否获得外界提供的反馈,如果学习者觉得不需要,就不提供,反之就提供反馈。

(三)衰减反馈

这种技术在练习的早期以100%的相对频率提供追加反馈,随着练习的进行,系统地降低追加反馈的相对频率,直至完全不提供追加反馈。由于操作能力的提高,在练习后期即使不提供追加反馈也对学习者的操作没有负面影响,同时还避免形成对追加反馈的依赖。例如,在100次练习的前20次,以100%相对频率提供KR;第2个20次,以80%相对频率提供KR;第3个20次,以50%相对频率提供KR;第4个20次,以20%相对频率提供KR;第5个20次,不提供KR(相对频率为0)。

三、追加反馈的时机

追加反馈的时机是指相对于练习时长,在练习中或练习后提供追加反馈的时间点。追加反馈的时机与练习者对追加反馈信息的使用直接相关,影响运动技能学习的效果。追加反馈的时机主要涉及两个问题:①练习过程中,还是练习结束后提供追加反馈? ②如果在练习结束后提供追加反馈,是即刻提供好,还是延迟提供好? 下面围绕这两个问题来分析追加反馈时机对运动技能学习的影响。

(一)同步与末端追加反馈

在练习者动作操作过程中提供追加反馈,称为同步追加反馈。在练习者完成技能操作后提供追加反馈,称为末端追加反馈。

1. 同步追加反馈

绝大多数的研究成果显示,同步追加反馈不利于运动技能的学习。可能的原因有:①同步追加反馈易造成练习者的信息超载;②同步追加反馈更容易让练习者忽略重要的感知觉信息,形成对追加反馈的依赖。

此外,还有少数研究显示,同步追加反馈可以促进运动技能的学习。这类结果通常出现在动作操作的感知觉信息缺失,或感知觉信息很难理解和使用的运动任务中,此时,同步追加反馈加强了动作操作的感知觉信息,有助于练习者理解和应用感知觉信息操作动作。

总之,在大多数情况下,同步追加反馈不利于运动技能的学习。但是,如果同步追加反馈能引导练习者将注意指向动作操作的关键特征或关系时,就会起到积极的作用。

2. 末端追加反馈

根据已有研究结果,末端追加反馈对运动技能学习的影响有4种:①末端追加反馈是运动技能学习的必要条件,没有追加反馈就没有学习;②可有可无,没有影响;③可以促进运动技能的学习;④会阻碍运动技能的学习。

针对上述多样的研究结果,学者的观点是:①如果练习者不能获得或无法运用关键的感觉信息时,末端追加反馈就是运动技能学习的必要条件;②当末端追加反馈可以帮助学习者注意、理解或使用关键的感觉信息时,就起到积极作用,反之就阻碍运动技能的学习。

(二)即刻与延迟追加反馈

传统观点认为没有反馈就没有学习,应及时提供追加反馈。随着研究的深入,更多的研究成果支持:延迟追加反馈更利于运动技能的学习。Swinnen 和 Schmidt 等人认为,运动后过早地提供追加反馈不利于个体自身觉察错误能力的形成,对学习产生负效应。近来的研究则进一步提出,延迟提供的追加反馈不宜离下次练习开始的时间过近,否则也不利于运动技能的学习。提供追加反馈的延迟时间并不是一个固定值,它受任务难度、任务性质、个体技能熟练程度、年龄和感知觉信息获得等多种因素的影响。同时,在延迟提供追加反馈期间,鼓励学习者积极地进行认知活动,从而有利于运动技能的获得。这些积极的认知活动包括根据感知觉信息评价动作操作情况、制订下一次练习的动作计划等。

参考文献

[1] 陈瑞研,高宝龙.运动技能迁移在隔网对抗项目中的实践性研究[J].体育世界,2023(11):115-117.

[2] 吕忠林,文小军.运动技能迁移在体育教育训练中应用思考[J].体育世界,2023(3):53-55.

[3] 王超.排球扣球的挥臂动作对网球上手发球技能迁移效果的实验研究[D].济南:山东师范大学,2022.

[4] 张皓妍.运动技能迁移在体育教学训练中的应用[J].内江科技,2020,41(8):25-121.

[5] 唐梦巍.体育教学中同群项目运动技能迁移研究:以排球与羽毛球技术为例[J].武术研究,2020,5(9):151-153.

[6] 叶秋霞,娄会娟.运动技能迁移在体育教育训练中应用研究[J].体育世界(学术版),2019(9):184-185.

[7] 母庆磊.运动技能迁移规律在高校体育教学与训练中的应用研究[J].体育风尚,2019(4):160.

[8] 王家恒.功能性力量训练对羽毛球专项生步法移动速度影响的实验研究[D].西安:西安体育学院,2023.

[9] 孟露.SAQ训练法对羽毛球选项课学生快速变向移动能力影响的研究[D].黄石:湖北师范大学,2023.

[10] 刘洋.提升羽毛球技战术水平的"点、线、面"训练方法[J].中国学校体育,2022,41(6):77-79.

[11] 潘国庆.特奥羽毛球技术体系及训练方法的研究[D].北京:北京体育大学,2020.

[12] 魏鹭樱.初学者网球运动技术学习分解练习序进方式的适应性研究[D].桂林:广西师范大学,2017.

[13] 茅永丰.动作分解教学,提升师范生运动技能[J].江西教育,2019(33):6-7.

[14]李硕.不同类型运动技能个体的注意网络特征差异研究[D].重庆:西南大学,2023.

[15]朱田超.固定练习和变换练习在运动技能学习中的研究进展[J].文体用品与科技,2021(7):166-167.

[16]朱田超.练习变异性在运动技能学习中的研究进展[J].当代体育科技,2021,11(7):226-227.

[17]田杨.系统化跑步训练提升不同水平大众跑者跑步能力的实证研究[D].南京:南京体育学院,2020.

[18]胡瑞意.动作捕捉技术对普通大学生单手肩上投篮教学效果的实验研究[D].广州:广州大学,2023.

[19]连欣欣.运动技能迁移在体育教育训练中应用探析[J].运动精品,2021,40(6):7-8.

[20]赵华.运动技能迁移规律在高校体育训练中的应用研究[J].体育风尚,2020(9):70-71.

[21]陈子率.运动技能双侧迁移在武术套路"腾空飞脚"训练中的应用研究[D].北京:中央民族大学,2023.

[22]成小禹.现代足球守门员运动素质及训练方式研究[J].内江科技,2022,43(5):68

[23]陈霆.集中与分散练习对中学生排球垫球技术学习的影响[D].扬州:扬州大学,2021.

[24]熊洁.对高校男子体操专项训练大纲动作正迁移的运用研究[D].北京:北京体育大学,2016.

[25]张建晟.运动技能学习的情境性与身心发展的整体观[J].山西青年,2020(17):183-184.

[26]张凤民,王福秋,吕宇坤.国外动作图式理论与动作技能学习研究的综述[J].白城师范学院学报,2016,30(2):78-82.

[27]廖惠娟.运动技能迁移在中学排球教学中的应用[J].佳木斯职业学院学报,2016(11):334.

[28]叶煜.体育舞蹈运动技能迁移的实验研究[D].广州:广州体育学院,2019.

[29]关朝阳,陈亮.基于CiteSpace的国内运动技能迁移研究进程与热点分析[J].哈尔滨体育学院学报,2021,39(2):18-24.

参考文献

［30］薛燕丽.运动技能迁移理论下中学田径教学的实施研究［J］.田径,2023,
（2）:64-66.

［31］李响.运动技能迁移在田径教学与训练中的运用［J］.当代体育科技,2022,
12（27）:28-31.

［32］蔺晓枫.排球扣球技术对羽毛球杀球技术的迁移影响研究［D］.哈尔滨:哈
尔滨体育学院,2022.

［33］葛海燕.健美操对花样跳绳运动技能迁移效果的研究［D］.北京:首都体育
学院,2021.

［34］寇月.羽毛球步法和武术散打运动技能迁移探析［J］.中华武术（研究）,
2018（5）:67.

［35］杜金池.多方向移动训练对体育院校散打专项学生灵敏素质影响的实验研
究［D］.济南:山东体育学院,2023.

［36］裴金妮.体育教学训练中运动技能迁移的应用研究［J］.冰雪体育创新研
究,2021（20）:163-164.

［37］汪选合.浅析运动技能迁移在体育教学训练学中的应用［J］.当代体育科
技,2019,9（18）:39,41.

［38］王健,曲鲁平,赖勤.分散练习和集中练习对运动技能学习效果影响的研
究,［J］.天津体育学院学报,2015,3（1）:1-6.

［39］张洁,仲宇.体育教学中各种练习对运动技术学习的影响［J］.价值工程,
2010,29（32）:293-294.

［40］晋腾,史鹏,我国学校体育运动技能教学历程、现状与路径［J］.体育文化导
刊,2023（11）:103-109.

［41］亢浩博,常媛媛,高校体育特长生运动技能弱化与实施路径研究［J］.太原
理工大学体育学院,2023:557-560.

［42］宋爱菊,刘琪.运动技能迁移理论对排球教学的影响［J］.体育科技,2023,
44（3）:141-145.